Gabriella Tuninetti

Un sentiero per l'anima

Il sistema energetico LAAV®: Luce, Amore, Armonia Vibrazionale.

PSICHE2

Questo libro non vuole in nessun modo sostituire i buoni consigli del tuo medico.
Ricordati che quando non ti senti in salute devi sempre e comunque consultare il medico di fiducia e soltanto dopo aver ascoltato potrai decidere quale cura adottare.

Psiche2
via Monginevro 11/a
10138 Torino
tel&fax: +39 011 386172
www.psiche2.com
info@psiche2.com

ISBN 978-88-88611-40-2

Copertina: Duecon, Torino
Videoimpaginazione: Lucia Musto
Iª Edizione italiana: aprile 2010

Questo volume è stato stampato presso:
Universal Book srl, Rende (CS).
Stampato in Italia, Printed in Italy

Indice

pagina

Prefazione

In questo libro ho voluto trasmettere quello che ho colto del mondo energetico che ci circonda. Ho cercato di interpretare ciò che avverto sul piano sottile dandogli corpo e voce. Ho provato a tradurre in un linguaggio semplice e comprensibile una realtà che si esprime e si avverte solamente attraverso vibrazioni sottili.

Le frequenze della Luce viaggiano incessantemente dentro ed attorno a noi, ne facciamo parte anche se spesso ce ne scordiamo, dimenticando chi siamo.

> *Le energie sottili che un tempo non comprendevo, oggi sono diventate un metodo che posso e voglio insegnare a chi vuole armonizzarsi profondamente ed allinearsi con l'amore, il benessere e l'armonia, per recuperare a pieno titolo il proprio potere interiore.*

Mi permetto di rivolgermi al lettore dandogli del tu per facilitare il contatto energetico e la comunicazione, per essere un po' più vicini e parlare direttamente ad ognuno.

Questo è il mio augurio a chi leggerà questo libro: che possa ricevere Armonia e Luce attraverso il Puro Amore Incondizionato, di cui è impregnato il LAAV®!

Capitolo 1

LAAV®
Luce – Amore – Armonia Vibrazionale

Questo libro ha avuto una gestazione lunga e difficile. Sentivo e sapevo che sarebbe nato, ma quando e come mi sono rimasti sconosciuti fino a poco tempo fa.

Non sono una scrittrice, anche se adoro scrivere, infatti lo faccio da tempo sul mio blog in internet *www.sentierodorato.it* e l'amore per la scrittura è nato pian piano, crescendo nel tempo per intensità e passione.

Scrivere è stato innanzitutto il mio primo mezzo di comunicazione con i naviganti della rete, adesso però mi ritrovo di nuovo immersa nel mondo della scrittura perché sono tante le cose che voglio condividere con dei nuovi lettori. Sento forte il bisogno di trasmettere ciò che ho dentro, e so che le parole scritte potranno veicolare delle sensazioni importanti a tutti coloro che avranno il cuore aperto e saranno in grado di riceverle.

Visto che non mi posso definire una scrittrice chi sono?

Sono innanzitutto, se proprio devo scegliere una definizione per descrivermi, una donna sensibile, che ama comunicare, esprimersi e trasmettere ciò che sente con tanto entusiasmo e passione. Un'intensa sensibilità ha reso ardua la mia strada con la sua forza intensa, finché non l'ho compresa. Tuttavia solo quando l'ho finalmente riconosciuta ed accettata, è cambiato tutto nella mia vita.

Nel LAAV® ho trasferito ciò che ho captato sul piano energetico lavorando con tante persone. È il frutto dell'esperienza e del mio viaggio interiore ad avermi permesso di elaborare questo metodo e di portarlo alla Luce.

So che sarà utile e darà ottimi risultati perché anni di sperimentazione me ne danno la certezza.

Dopo aver lavorato in prima persona operando con questa energia, sono riuscita a mettere a punto un sistema da offrire a tutti, affinché ognuno si occupi di se stesso e possa utilizzare strumenti preziosi per vivere meglio, senza più delegare il prossimo ad arbitro o giudice dei propri comportamenti.

È questo il mio obiettivo: fornire la possibilità di conoscersi più in profondità, apportando quei sottili cambiamenti che, con l'applicazione del mio sistema, daranno risultati importanti sul piano fisico, mentale e spirituale.

Il LAAV® permette di portare nuova armonia con le vibrazioni sottili. Attraverso la Pura Luce dell'Amore Incondizionato questa energia opera un importante allineamento tra cielo e terra; come un ponte l'uomo si trova a vivere sospeso tra questi due mondi e solo l'energia che nasce dal cuore può guarire ciò che è rimasto insoluto. L'essere umano tende perennemente ad essere diviso a metà, si muove in un continuo conflitto tra le parti: bene o male, bello o brutto, gioia o dolore.

"LAAV® un Sentiero per l'Anima" nasce per aiutare a vivere meglio le persone che cercano se stesse, che sentono il bisogno di leggere la vita in modo diverso, e magari convivono con una forte sensibilità.

LAAV® permette di integrare le parti disconosciute e disarmoniche attraverso l'unico strumento possibile e funzionale: l'Amore Incondizionato. Questa energia vuole insegnare a vivere le sensazioni forti dell'anima non più come nemiche da combattere e soffocare, bensì come grandi amiche che possono indirizzare il percorso dell'esistenza verso il suo naturale "centro di espressione e di significato".

Voglio offrire degli strumenti efficaci per cavalcare la vita, e spiegare che solamente smettendo di considerarsi vittime, si può diventare protagonisti della propria esistenza, per viverla cogliendo le infinite possibilità che essa ci porta, ed arricchirci dentro e fuori. Dall'esperienza e dalla ricerca è nato questo metodo. Grazie ad esso ho potuto fare pace con me stessa ed ho imparato ad accettarmi ed amarmi con i miei limiti e le mie imperfezioni, mettendo alla luce il meglio di me, i miei talenti e le mie qualità.

Dopo anni di lavoro e di risultati utilizzando l'energia della luce sugli altri, ho capito che era necessario ideare un sistema di applicazione autonoma.

> *Credo che ogni persona debba essere autosufficiente ed indipendente. Imparare un metodo per poter vivere meglio può creare questa condizione, rendendo ciascuno in grado di occuparsi di se stesso pienamente e profondamente.*

Ho capito che quello che avevo scoperto doveva essere condiviso e non restare solo mio, ho voluto tradurre in questo libro ciò che sento: una realtà sottile che a me sembra tanto "reale e vera" quanto quella fisica.

Ho dato alla luce il LAAV®: un sistema per riconquistare il benessere psicofisico, uno strumento di rilascio e di integrazione emozionale, che permette di portare a galla il materiale represso e rinnegato, ma soprattutto non compreso.

Esso permette di conoscersi meglio, di superare la dualità e di fondersi nuovamente con il proprio Sé Superiore riunendo l'Essere diviso in Uno!

La sigla LAAV® significa Luce – Amore – Armonia Vibrazionale.

Attraverso questo canale energetico si esprime e si articola la mia energia. È bello sentirla in me e negli altri, quando entro in risonanza con essa tutto è più luminoso, amorevole e armonico.

Sento me stessa in profondità, e qui posso trovare le risposte e le soluzioni più vere, perché sono le mie.
Qui sono autentica e vera!

> *Sento che in fondo, nell''anima siamo tutti uguali e nello stesso DNA spirituale vive l'essenza dell'essere umano: fantastica creatura, fatta ad immagine e somiglianza di DIO.*

Nello Spirito siamo Uno, in questa parte comune ad ogni essere ci ritroviamo e compenetriamo. L'essenza dell'uomo, il suo nucleo è l'Atma, lo Spirito. Questo libro ti accompagnerà in una sorta di mappa virtuale fino alla "stanza del tesoro": il LAAV®, ovvero l'Amore che hai dentro e che sta solo aspettando di venire alla Luce.

Ti insegnerò quello che ho appreso in tanti anni di lavoro con le energie sottili. Ti farò capire come far funzionare alcuni canali sotterranei e sconosciuti, perché imparare a navigarli ti permetterà di affinare nuove percezioni, sopite ma pronte a venire alla luce.

Nuove energie stanno discendendo sulla terra, l'uomo che

si trova a vivere in questo delicato periodo storico può farle sue per migliorare la propria vita, per crescere spiritualmente ed arrivare a sperimentare stati di coscienza straordinari. Questo percorso sarà come un viaggio, scoprirai nuovi aspetti dell'essere; acquisirai nuove conoscenze sulle energie sottili; attraverserai tante porte, percorrerai molte strade.

Partiremo da quelli che definisco "*I sette punti chiave per avvicinarsi al linguaggio dell'Anima*". Possiamo diventare più consapevoli se impariamo ad ascoltare e a parlare una nuova lingua: quella della Luce e dell'Amore.

Considera questo libro un viaggio dentro te stesso, troverai argomenti ed inclinazioni da sviluppare, per arrivare a vedere nuovi aspetti e prospettive di vita. Ti parlerò delle esperienze che ho vissuto fin qui e di come esse siano state il filo conduttore per risvegliare qualità e doti latenti che oggi mi permettono di vivere una vita migliore, più ricca e piena, perché più consapevole.

Trovando me stessa ho potuto vedere meglio gli altri: questa ricerca mi ha portata a specchiarmi nel prossimo e di vederci il mio volto, di ascoltare le loro voci e di sentire la mia voce.

Come uno specchio oggi mi pongo di fronte a te!

Un po' di me

Quel che ho vissuto e la mia storia, vogliono essere la testimonianza che si può VIVERE BENE se si attuano strategie e comportamenti "nuovi, più giusti per noi". Se si smette di aver paura di cambiare, se si decide consapevolmente di volere stare bene, si può fare il grande salto ed assistere pian piano alle piccole e grandi trasformazioni della realtà.

Ognuno di noi ha certamente la sue esperienze, le sue vicissitudini, la sua vita, ma c'è un comune denominatore che accomuna tutti quanti: vogliamo STARE BENE!

È questo che intendo per comportarsi in modo giusto: scegliere la via che porta all'anima attraverso il cuore, utilizzando la mente come una fedele alleata, e non come una nemica che ostacola il cammino.

Credo sia questo il vero modo di vivere la vita, liberandola dai fardelli inutili e dal dolore, per esprimere in pieno i propri talenti e rivelare al mondo se stessi, senza le maschere ed i sotterfugi del piccolo ed impaurito Io.

Ho deciso di intraprendere questo viaggio per portarti la mia esperienza, ciò che la vita mi ha insegnato, anche con grandi dolori.

Ce l'ho fatta a trovare ME STESSA, e vorrei che anche tu riuscissi in questa grande, eroica impresa, e "stare bene" con l'unica persona al mondo che ti accompagna da quando sei nato: TE STESSO!

Voglio offrirti quello che ho imparato studiando, ricercando, operando, ma soprattutto vivendo e sperimentando il mondo sottile che ci circonda, in cui ho potuto affinare le mie percezioni.

Ho una formazione di Master Reiki e Karuna. Ho studiato Vivation, Cromoterapia, Cristalloterapia, EFT, Tecniche di respirazione, Fiori di Bach, Visualizzazione, Pensiero positivo, Meditazione e tanto altro ancora..., ma non è la mia formazione che conta, è importante invece quello che voglio far filtrare attraverso le parole, e che desidero farti percepire tra le righe: **voglio trasmetterti chi sono e quello che sento dentro!**

La cosa davvero importante ce l'ho nel cuore, l'ho ricevuta dal lungo processo di crescita che mi ha accompagnata in tutti questi anni. La mia più GRANDE MAESTRA è stata la Vita, con il suo bagaglio di eventi e di insegnamenti.

Sono felice di camminare al tuo fianco, leggendo queste pagine cercherò di trasmetterti ciò che ho dentro: energia, amore, passione ed entusiasmo.

Voglio offrirti una nuova chiave di lettura degli eventi, darti una nuova prospettiva per farti vedere che è possibile cambiare e vivere la vita in un altro modo!

Soprattutto voglio offrirti ciò che provo dentro e che arriva da un sentire intenso, forte e delicato insieme, che nasce dal cuore e comunica attraverso l'abbraccio tra le due menti, quella logica e quella intuitiva. Dallo scontro tra queste due parti ho maturato un nuovo pensiero, un nuovo atteggiamento: di incontro e di fusione tra l'emisfero sinistro e quello destro, tra razionalità ed emotività. È necessario accettare sentimento e logica come parti unitarie del Sé, perché entrambe esistono e lavorano insieme. Sono riuscita a superare i conflitti nel momento in cui ho iniziato a crescere, ed ho cominciato a capire e ad accettare tutte le mie parti, nelle loro svariate sfumature.

La mente razionale comunica attraverso altri canali rispetto a quelli dell'Anima. Proverò a farti avvicinare alla tua affinché tu possa sentire la sua essenza leggera, il cui alito di Luce rende più sereni!

Il percorso si snoderà attraverso fermate importanti che ti permetteranno di contattare i lati nascosti del Sé, che ti riveleranno chi sei realmente e non chi hai creduto di essere finora.

Sei pronto? Il viaggio ha inizio...

Capitolo 2

Il sentiero della vita

Il LAAV® nasce come risposta alle persone che in questi anni ho incontrato e che mi hanno chiesto: "Come fai a stare bene? Come hai fatto a farcela?"

Ecco la risposta...

Mi è sempre piaciuto dedicarmi agli altri, ed offrire il mio aiuto per risolvere i piccoli e grandi problemi della vita. Ho sempre avuto fin dall'infanzia una naturale predisposizione a voler aiutare il prossimo. Ho sempre sentito con il cuore le sofferenze altrui, mi ha sempre fatto male vedere il dolore. Ricordo ancora quando da bambina in televisione c'erano le "Avventure di Lassie", e mia mamma doveva spegnere la tv, perché a quel povero cane ne capitavano di tutti i colori, ed io piangevo disperata come se fossi stata la protagonista della storia, **come se la vivessi dentro**.

Mi struggevo!

Ecco quello che ho sempre vissuto: la capacità di immedesimarmi negli stati d'animo altrui e sentire cosa si cela dentro i cuori.

Questa capacità empatica mi è costata molto dolore, perché la sofferenza che si prova nel "sentire e vivere la vita con un nervo scoperto", fa versare lacrime e, qualche volta strazia l'anima.

Ho sempre sentito quello che provano le persone, quando soffrono, quando gioiscono, quando amano, quando hanno paura.

Non è stato facile convivere con questo bagaglio emozionale dentro e vivere tutte le esperienze sia belle che brutte con così tanta intensità emotiva.

Per molti, moltissimi anni la "sensibilità" mi impauriva, mi sentivo così male da non capire il perché, tentavo inutilmente di sfuggire da quelle percezioni sottili, ma tanto forti ed insistenti che non capivo. Solo che non si può fuggire sempre da se stessi, e questa fuga finii successivamente per pagarla molto cara; prima di poter ritrovare me stessa dovetti attraversare esperienze controverse in termini di sofferenze e dolori fisici, psicologici e spirituali. Così crescendo, per evitare di stare male nel vivere le mie emozioni e quelle altrui, rinnegai quelle percezioni che mi caratterizzavano, rifiutai le mie doti, le predisposizioni. Incominciai a considerarle ingredienti scomodi, e finii per sotterrarli in fondo all'anima.

Cercai di farle tacere!

Tuttavia esse presero presto il sopravvento, tornarono a farsi sentire reclamando a gran voce il diritto di esistere, di tornare a galla.

Racconterò la mia storia per farti conoscere chi sono oggi e chi credevo di essere ieri, per farti capire cosa ha mosso i miei passi fin qui, e perché ho scritto questo libro.

Dalla mia storia nasce il LAAV®: un sistema per stare bene attraverso Luce - Amore – Armonia Vibrazionale. Il mio intento è di offrirlo a chi è realmente stanco di soffrire e sta cercando qualcosa che possa aiutare a star meglio con una "soluzione" che funzioni davvero!

Vorrei tanto che la mia esperienza fosse utilizzata per portare nuova armonia nei cuori della gente, in tutti coloro che vogliono fare pace con se stessi, riconciliandosi con i lati ombra nascosti.

Credo **sia inevitabile stare male finché non si capisce chi si è davvero e ci si ricongiunga con le parti rifiutate e disconosciute.**

Abbiamo tutti un'identità cucita addosso, ma è quella che ci appartiene veramente, oppure è solo un abito di scena?

Ci rappresenta, o è solo un'interpretazione fittizia?

Quante volte ci atteggiamo! Saliamo sul palcoscenico della vita e recitiamo la nostra parte, ma chi siamo veramente?

La prima volta che mi sono posta questa domanda ricordo che ero ancora piccola.

Mi sono chiesta: ma io chi sono?

Ho cercato di rispondere scrutandomi allo specchio, mi guardavo, vedevo i miei occhi, ma riuscivo ad andare oltre lo sguardo fisico. Sentivo di più!

I miei genitori e gli insegnanti dicevano che ero una bambina sensibile, dotata di una fervida immaginazione, sempre allegra, sempre in movimento. Non riuscivo a restare zitta, cercavo sempre qualcuno con cui parlare, avevo un fortissimo bisogno di socializzare, di comunicare quel che sentivo, di esternare il mio mondo.

I grandi però dopo avermi dato retta per un po' "non mi prestavano più attenzione", impegnati nelle loro mille occupazioni, e di bambini con cui giocare ce n'erano pochissimi perché mio padre, molto apprensivo, non mi lasciava uscire dal cortiletto di casa: ero molto sola!

Così per sopperire al bisogno di comunicare, iniziai a creare nei giochi un mondo tutto mio, una realtà in cui le cose andavano proprio come volevo. Ricordo che la tappezzeria della mia cameretta era fioreggiata; da ogni fiore vedevo emergere strane sembianze che si animavano e che interpretavo facendo loro prendere vita: loro comunicavano con me, ed io con loro.

Ero una bambina allora, ma sentivo anche qualcosa di più in me, sensazioni sconosciute, che non capivo; percepivo che la realtà era diversa e più intensa rispetto a quella che vivevano gli altri. Riuscivo a "vedermi da dentro", mi percepivo come se gli occhi fossero dentro la "torretta di un carro armato", io mi muovevo guidando il mio corpo come se fossi solo il suo conducente. Avvertivo ondate fortissime di energia che mi attraversavano il corpo, non riuscivo a fermarle, non capivo cosa fossero, cosa ci facessero in me!

Sentivo le emozioni della gente: catturarle, registrarle per me era così naturale.

I miei genitori dicevano che sarei potuta diventare un'attrice, vista la mia naturale capacità di entrare nei panni altrui, impersonando "visceralmente" i vari vissuti.

Provavo spesso una tensione fortissima dentro, una "sensazione che correva" e che mi attraversava completamente: avvertivo una forza che ancora non comprendevo.

Gli altri potevano vedere questo "strano passaggio di energia", perché diventavo rossa, mi irrigidivo e me lo facevano notare. Mi chiedevano cosa stessi facendo, cosa mi stesse accadendo, io non lo sapevo, lo vivevo e basta. Così iniziai a sentirmi strana, diversa perché incapace di gestire e controllare tutte quelle sensazioni.

Ad un certo punto finii per vergognarmi di quelle "cose strane" che mi capitavano, perché non le capivo, cercai di soffocare quelle ondate emotive che mi facevano arrossire, piangere così facilmente e scuotere dentro.

Per salvaguardare me stessa cercai disperatamente di nasconderle.

I grandi dicevano che ero una bambina molto, molto emotiva.

Quello che riuscivo a capire e che sentivo fortemente, era che avevo un forte bisogno di attenzioni, di coccole, spasimavo per ricevere manifestazioni d'amore. I primi anni di vita li trascorsi giocando da sola in cortile d'estate o nella stanza da bagno in inverno. Vivevo in un mondo tutto mio, fatto di personaggi immaginari a cui davo corpo e voce, con loro stavo bene; mi sentivo importante, loro mi apprezzavano e mi amavano come desideravo.

Ricordo che nei miei giochi impersonavo spesso una donna amatissima, tutti la ricercavano perché era bella, intelligente e simpaticissima e talvolta mi baciavo le mani e le braccia dandomi quell'affetto che mi mancava così tanto.

Ero affamata d'amore, assetata di approvazioni, con un fortissimo bisogno di avere considerazioni e riconoscimenti.

Tuttavia gli adulti non potevano darmi quello che chiedevo, loro erano nel loro mondo ed io nel mio.

Certamente ognuno mi amava a modo suo, che però non corrispondeva al mio.

Cominciai a pensare che forse non ricevevo coccole perché non le meritavo!

Forse perché c'era qualcosa in me che non andava!

Forse perché non ero abbastanza brava!

Forse dovevo cambiare!

Pur di avere quello che chiedevo iniziai a farmi plasmare dalle convinzioni altrui: iniziai a sentirmi sbagliata.

Oggi so che era **il mio modo di percepirmi che era fuori rotta, perché dovevo ancora capire chi ero!**

Queste frasi mi sono state ripetute spesso quando ero bambina, ma lavorandoci sopra ho potuto capire l'origine dei conflitti e delle mie convinzioni:

"Sei una chiacchierona, stai un po' zitta!"

"Sei una pasticciona, fai un po' meglio!"

"Sei disordinata, metti a posto!"

"Sei credulona, non devi fidarti!"

"Sei ingenua, fatti furba!"

"Stai attenta, non distrarti!"

"Non va bene così, puoi far meglio!"

"Sei sempre con la testa per aria, fa attenzione!"

Come mai non andava mai bene niente di quel che facevo?

Mi sentivo incapace ed insicura, bisognosa di appoggiarmi ad altri per avere certezze.

Cercavo di essere accomodante e disponibile, perché volevo piacere a qualunque costo!

Il risultato fu che divenni sempre più fragile, ed indecisa, estremamente bisognosa di gratificazioni.

Finii per credere a quello che altri avevano deciso che dovessi essere.

Se ad un bambino fai credere che non è capace, che deve avere sempre bisogno di un supervisore per essere sicuro di fare bene, finirà per crederlo veramente e si lascerà portare dalla corrente, smettendo di remare.

Ero pasticciona, insicura, incapace di prendere un' iniziativa per la paura di sbagliare. Ogni volta che mi cimentavo in qualcosa di nuovo ne avevo paura, così finiva che combinavo dei disastri, il che confermava proprio quello che gli altri già pensavano di me. L'immagine che mi si rifletteva dinanzi era quella di un'emerita imbranata. Mi fidavo di tutti, fuor che di me stessa. Tutti avevano potere su di me. Vedevo le mie compagne di scuola così intraprendenti e risolute, io impacciata e timida chiedevo solo di essere accettata dal gruppo; così finii per farmi soggiogare e tiranneggiare da loro, continuavo a subire e a sottomettermi, non mi piacevo, e sentivo di non piacere, mi sentivo inadeguata e mai all'altezza della situazione. Sentivo di dover diventare logica, realista, intraprendente, sicura di me, più precisa, più capace, per ricevere accettazione e approvazione da parte degli altri.

Tuttavia più facevo sforzi per avvicinarmi a quel modello e più subivo disfatte. Autostima zero!

Però a questa faccia se ne contrapponeva un'altra, quella che avevo conosciuto come prima immagine di me stessa: allegra, chiacchierona, spontanea, frizzante, solare, aperta, tenera, dolce, affettuosa e sensibile.

Avevo una grande confusione dentro, come se fossi divisa in due. Avevo due immagini di me: una era quella che sentivo più naturale, ma che mi faceva stare male, perché non era approvata e mi causava problemi; l'altra era quella innaturale, difficile da rispecchiare, ma che mi procurava consensi e che mi faceva aderire al modello che gli altri volevano che fossi: una brava bambina prima, una brava ragazza poi ed infine una donna a modo!

Sentivo però che ero nata per qualche motivo, per uno scopo ben definito, era come se sapessi che da qualche parte c'era sepolto in me un talento speciale. Era come se ricordassi di averlo, però non riuscivo a trovarlo, ma soprattutto non sapevo "dove cercarlo".

Così mi misi a cimentarmi in tante imprese alla ricerca del mio "talento nascosto".

Mi sentivo un po' come una smemorata, perché mi ero dimenticata quale fosse la cosa che sapevo fare bene, naturalmente, spontaneamente, senza sforzi, e che era autenticamente parte di me.

Tutto invece sembrava incredibilmente complicato!

Ero impaziente di trovare qualcosa che mi facesse sentire me stessa, in cui potermi esprimere fino in fondo, senza costrizioni, senza difficoltà, perché intuivo che questo avrebbe trasformato la mia vita.

Volevo libertà, volevo comunicare il mio mondo sommerso, volevo trasmettere le mie emozioni, ne sentivo un enorme bisogno. Mi sarebbe tanto piaciuto essere davvero brava in qualcosa, sapevo che questo avrebbe incrementato l'autostima, la fiducia in me stessa, che erano decisamente basse.

Mi misi ad intraprendere una febbrile ricerca. Provai a disegnare, dipingere, modellare, cantare, ricamare, suonare, andare sui pattini, cucinare, fare sport e tante altre cose ancora... Ma niente da fare, ogni volta mi mettevo d'impegno, credendo che fosse la volta buona e inevitabilmente era un fallimento. Cominciai a credere che avessero ragione gli altri: mi identificai profondamente con quella Gabriella che mi avevano cucito addosso: ero una creatura fragile ed insicura, mi definirono "un vaso di cocci".

Le credenze nascono proprio da questo, da quello che gli altri hanno detto di noi. Ci identifichiamo nelle convinzioni che abbiamo respirato, al punto da non riuscire neppure più a mettere in dubbio la loro veridicità.

Esse ci rappresentano totalmente da farle diventare la nostra unica e possibile realtà.

> *Ci identifichiamo con i luoghi comuni, le convinzioni che abbiamo respirato fin da bambini, e finiamo col crederci.*

Così feci anch'io, ridisegnai la mia immagine, un nuovo modello che mi appariva più consono a quello che sembrava un mondo più normale ed ordinario.

In fondo volevo solo essere accettata, approvata ed amata. Mi adattai agli schemi educativi, familiari e sociali che la famiglia e la scuola mi stavano incalzando a seguire.

Mi adeguai!

Smisi così di sentire quel mondo interiore così ricco, ma così imprevedibile e destabilizzante che mi aveva caratterizzata, e iniziai la mia "vita normale".

Cessai di cercare, e mi adattai!

Pensai di essermi adeguata al modello che altri mi avevano dipinto addosso, di aver abbandonato definitivamente la speranza di realizzare quello che sentivo da bambina: essere me stessa realizzando il sogno di fare qualcosa di importante, esprimendomi totalmente, e soddisfacendo il bisogno di comunicare agli altri il mio sentire.

Ogni tanto affiorava ancora quel lato sensibile, intenso e struggente, anche se cercavo di scacciarlo immediatamente indietro. Mi vergognavo così tanto della carica emotiva che ancora mi distingueva, che mi faceva sentire fragile, debole e vulnerabile.

Più cercavo di essere logica, razionale, perfettina, accomodante per poter piacere, e più ricevevo tradimenti, delusioni e sconfitte. Eppure sembrava che tutto andasse bene, non mi rendevo neppure conto di quanto facessi finta, perché quella era l'unica realtà che riuscivo a vedere, e a immaginare.

Quella vita mi imprigionava, ma non vedevo vie d'uscita, perciò ero obbligata a viverla subendola.

Tuttavia una voce reclamava di essere ascoltata, e presto dovetti farci i conti!

Non essere stata attenta a quel forte richiamo mi portò molto presto a scontrarmi con me stessa, nacque il mio primo conflitto durante l'adolescenza, e mi ammalai: avevo 13 anni, cheratite erpetica fu la diagnosi dei medici, per cinque anni la malattia mi strinse in una morsa, fino a quando persi completamente la vista dall'occhio sinistro. Dopo ripetute recidive la cheratite causò una perforazione con la fuoriuscita dell'umor acqueo. I medici furono categorici: la cornea era stata totalmente compromessa, solo un trapianto poteva salvarmi l'occhio. Cominciò una lunga ricerca per trovare l'ospedale migliore, quello che mi avrebbe offerto maggiori possibilità di recuperare l'occhio e la vista: Italia, Svizzera, Spagna, Francia.

I miei genitori furono meravigliosi, si misero in quattro per farmi avere le migliori possibilità di guarigione.

Fui operata a Lione, avevo quasi 19 anni.

Cosa non avevo voluto vedere in me stessa e della mia vita?

A chi o a che cosa mi stavo ribellando? Adesso so che avevo molta confusione, rabbia e dolore dentro, ma allora purtroppo non sapevo tutto questo!

Sottoposta al trapianto, l'occhio fu salvo, recuperai un po' di vista, rimasi tuttavia molto astigmatica e miope, continuai a voler vedere la vita a modo mio perché quella vera mi faceva paura.

Pur avendomi fatto soffrire per cinque anni, la malattia all'occhio mi permise di registrare nuovi comportamenti da parte delle persone che avevo accanto.

Durante la malattia tutti si erano occupati di me dandomi tempo, e presenza, mi erano stati così vicini! Ero riuscita a catturare finalmente le loro attenzioni, avevo avuto quello che cercavo da sempre: considerazioni e coccole.

Così interpretai le preoccupazioni, le ansie dei miei familiari e la loro vicinanza fisica come **quell'amore che cercavo** fin da bambina.

Il mio subconscio registrò questo assioma:

malattia = attenzioni e amore

Feci certamente questa considerazione a livello inconscio, ma oggi so che è stato così, pensai: "Se mi ammalo si occupano di me, e questo vuol dire che mi stanno vicino e mi vogliono bene."

Per me quella associazione divenne una forma d'amore, chiedevo disperatamente che qualcuno si prendesse cura di me, che mi dedicasse tempo e attenzioni.

Mendicavo AMORE!

Nel frattempo vinsi il concorso nella scuola materna, dopo aver lavorato qualche anno nella scuola elementare come supplente. Faticai ad adeguarmi al cambiamento, ma con il passare del tempo mi adattai, come avevo sempre fatto, chinai la testa!

Subito dopo mi sposai. Mi illusi di aver messo a tacere la vocina dentro, ma non fu così, perché dopo il matrimonio iniziarono nuovi problemi di salute: ascesso vaginale, appendicectomia, colon irritabile, toxoplasmosi.

Il mio corpo lanciava continui s.o.s, ma continuavo a non capire! Continuavo a cercare di essere amata, ma non ci riuscivo. Volevo solo AMORE, ma non riuscivo a riceverlo come avrei voluto.

Desiderai fortemente avere un figlio perché volevo una creatura da amare a modo mio: nacque Simone.

I suoi primi anni di vita però furono difficili perché ebbe diversi problemi di salute. Oggi so che fece il suo ingresso nel mondo accompagnato dalla mia tristezza, paura ed ansia.

Seppur non avesse niente di grave, le sue condizioni di salute rimasero cagionevoli per i primi quattro anni; le sue ripetute ospedalizzazioni originarono così in me altre paure e preoccupazioni.

Le ansie vissute, unite allo stress subito nei due anni e mezzo in cui mio figlio non dormì di notte, causarono in me molta stanchezza e sfinimento.

La vocina dentro continuava a mormorare sommessamente, ma di ascoltarla nemmeno a parlarne!

Mentre Simone cresceva sembrava che le cose si fossero normalizzate, avevo una vita apparentemente normale, insegnavo, mi occupavo di mio figlio che ora stava bene, e di mio, all'epoca, marito che, dedito soprattutto al lavoro, non riusciva a comprendere la mia sete di affettività e di maggiori attenzioni.

Mi sentivo incompresa, insoddisfatta, infelice, mi mancava qualcosa, ma non sapevo neppure io che cosa. Mi sembrava di vivere imprigionata nei ruoli di mamma, moglie, insegnante, collega, figlia, sorella... senza più speranze o aspettative di cambiare il futuro.

Non riuscivo a capire chi fossi, perché **tutti i ruoli che stavo interpretando** non mi davano soddisfazione e appagamento.

Mi sentivo come se la vita mi avesse "messa al muro". Cercavo di adeguarmi ai canoni che ognuno preferiva, ma mi sentivo in trappola, in perenne conflitto con me stessa.

Pensai che un secondo figlio avrebbe riempito la mia vita, che sentivo così vuota e insignificante.

Fu proprio in quel periodo che mi riammalai: ascesso fossa ischio-rettale superiore con conseguenti fistole trasfinteriche che mi tormentarono ininterrottamente per circa sei anni. Ebbi sette interventi chirurgici, il dolore provato fu atroce perché gli interventi per risolvere il tratto fistoloso furono dolorosissimi. La situazione peggiorò sempre più con il passare degli anni, vissi tanta paura, tanto dolore, e arrivai al punto che non rimase più nulla da fare per risolvere i miei problemi ed i medici presero in considerazione una colonstomia.

Ero disperata perché la prospettiva di vita che mi si prospettava davanti non era per niente rosea. Fu in quel periodo che conobbi il "Reiki", un metodo di guarigione energetica.

Mi avvicinai a questa tecnica con fiducia e speranza, cercavo qualcosa che mi aiutasse ad affrontare al meglio quello che sarebbe successo a breve, avevo assoluto bisogno di aiuto. Immediatamente sentii beneficio dall'applicazione del metodo, fui costante e solerte negli auto-trattamenti, cosicché quando andai alla visita medica di controllo qualche mese dopo, il medico disse che stranamente la ferita si era chiusa quel tanto che bastava per rinviare l'intervento. Mi disse di aspettare qualche mese e di restare a vedere gli sviluppi della situazione.

Questo per me fu un evento meraviglioso, non mi sembrava possibile di essere riuscita ad evitare quel "mostro di colonstomia". Non posso e non mi interessa affermare che sia stato un vero miracolo, ma lo considero uno degli eventi più belli della mia vita: avevo incontrato me stessa; per la prima volta mi stavo prendendo cura di me, senza più delegare il mio benessere a qualcun altro. Volevo guarire.

Guarii!

Spinta dall'entusiasmo della ritrovata guarigione mi dedicai completamente ad apprendere Reiki; conseguii qualche mese dopo il secondo livello per approfondire la tecnica e di lì partii ad aiutare le persone che avevano dei problemi. Avevo visto che questo straordinario metodo poteva davvero aiutare, mi aveva migliorato la vita, quindi decisi di aiutare a mia volta chi ne aveva bisogno.

Volli studiare per diventare insegnante di Reiki, desideravo solo questo: trasmettere agli altri ciò che avevo ricevuto!

Divenni master Reiki.

La mia vita in quel periodo divenne molto intensa, iniziai a riempire i miei giorni:

figlio – marito - casa – scuola - seminari di Reiki - trattamenti Reiki.

Sembrava andasse tutto bene, lavorare tanto mi impediva di pensare. Volevo amore e lo stavo dando a tutti ma non a me stessa, il mio era un vuoto che voleva essere riempito, ma io non ero ancora capace di accorgermene. Tuttavia il dolore nascosto era rimasto chiuso in me, lo avevo seppellito, però non era guarito; non lo vedevo, ma non bruciava più solamente perché la dolce energia Reiki mi offriva un po' di lenimento e dolcezza. Eppure "qualcosa" continuava a covare dentro. Apparentemente sembrava che avessi trovato la soluzione alle mie inquietudini e al mio bisogno di dare e ricevere Amore. Con Reiki mi sentivo finalmente importante e utile, facevo del bene, ero sempre disponibile con tutti, mi facevo in quattro con chiunque ne avesse bisogno. Finalmente contavo per qualcuno, mi sentivo gratificata. Stavo cercando la mia strada, e credetti di aver finalmente trovato la mia realizzazione. Sempre disponibile con tutti, perché desiderosa di piacere, continuavo la mia battaglia per ottenere approvazione a tutti i costi; ero accomodante, incapace di dire no! Parlavo come un libro stampato, il livello teorico di Reiki appreso era molto buono ed il mio insegnamento rifletteva questa trasmissione accademica; tuttavia non mi accorgevo di stare bleffando, continuavo a soffocare la mia vera essenza, zittivo rabbia e collera in nome del quieto vivere che mi imprigionava.

Ero scontenta, ma non sapevo cosa fare, sembrava impossibile trovare un'altra strada, una soluzione ai miei problemi. Il mio motto era "se non ho una cosa è perché non mi è dato averla".

Subivo la vita seppur con dolore, ma ancora non avevo toccato il fondo.

Indaffaratissima con la scuola, di cui ero "responsabile di plesso", molto impegnata con Reiki, assorbita dalla famiglia, finii col riempire la mia vita di mille impegni per continuare a non pensare a me stessa. Avevo di nuovo tentato di riempire il vuoto che avvertivo dentro, ma il posto per me non l'avevo lasciato. Cercavo amore, però questo amore continuavo a cercarlo e a darlo nel modo sbagliato e mi sembrava di non riceverne in cambio. Come se continuassi a effettuare versamenti sul conto corrente sbagliato, alla fine richiedendo l'estratto conto dei miei anni di investimenti, mi accorsi di non avere niente, di avere investito fuori di me, dando agli altri per avere gratificazioni, invece che coltivare il mio benessere. Mi ritrovai di nuovo sola, stanchissima, delusa, sfiduciata, e senza speranza di poter cambiare qualcosa.

Finii prigioniera di un ingranaggio che mi voleva così, o meglio io mi sentivo in questo modo; mi occupavo di tutto e di tutti, tranne che di me stessa.

C'erano tante cose che non mi piacevano, tuttavia non riuscivo a trovare alternative per cambiare la mia vita, avrei tanto voluto fuggire! Ma non sapevo come...

Avrei voluto un'altra realtà, avrei voluto dire basta a certe situazioni, avrei voluto chiudere certe porte ed aprirne delle altre, ma mi sentivo impotente e stretta in una morsa.

Dopo aver creduto di aver trovato la mia direzione, di avere ricevuto finalmente le risposte che cercavo e di avere trovato una soddisfacente stabilità, mi accorsi di avere "sbagliato strada". Alla fine tutti gli impegni che mi avevano assorbito e in cui avevo dato me stessa anima e corpo, mi fecero crollare esausta: mi riammalai per l'ennesima volta.

Non fu del tutto un fulmine a ciel sereno la mia nuova malattia: capsulite adesiva che colpì gli arti superiori; si irrigidirono entrambe le braccia, ebbi un blocco totale delle spalle e delle braccia e non potetti più muovermi per lunghi mesi. Oggi so che inconsciamente mi irrigidii, perché non volevo più stare in quella situazione, avevo evitato di ascoltarmi per non sentire i miei errori, e più soffrivo e più mi irrigidivo dentro, ma non volevo sapere, e vedere. Così dal piano energetico questa malattia si manifestò ed io la sentii totalmente nella sua morsa di dolore, era come se mi si strappasse qualcosa dentro ad ogni più piccolo movimento.

Fu atroce.

Bloccata dentro me stessa vivevo come dentro una camicia di forza. Non riuscivo a muovermi, mangiare da sola, neppure a vestirmi e a lavarmi. Rimasi bloccata per più di un anno, i medici non capirono l'origine della mia malattia, fui sottoposta a tre interventi chirurgici per cercare di sbloccare la spalla destra (quella che faceva più male). Tutto sembrava congiurare contro di me. Non si trovavano vie d'uscita, i medici scuotevano la testa e continuavano a non capire l'origine della mia malattia. Tante cure, tanti inutili tentativi, tanto dolore. La situazione precipitava.

Le operazioni risultarono vane e addirittura nell'ultimo intervento chirurgico durante una manovra che voleva sbloccare la spalla mi ruppero la testa dell'omero in sala operatoria. Sembravano non esserci più speranze per me, sperimentai in quei lunghi mesi, un lungo dolore che mi mordeva le spalle notte e giorno, tanto da dover assumere la morfina per poter sopravvivere. Non potevo più alzare il braccio destro ed avevo grandi limitazioni anche al sinistro. Rimasi in congedo per motivi di salute fino allo scadere del periodo previsto, poi dovetti decidere: tornare al lavoro che era impossibile nelle mie condizioni, oppure licenziarmi.

Così lasciai la scuola ed i miei amati bambini.

Tutto sembrava precipitare in un baratro senza fine, ma il problema era che stavo precipitando anch'io. Non avevo più una certezza o un punto fermo: niente lavoro, prospettive incerte e preoccupanti per il futuro, pochissima autonomia nei movimenti, che erano davvero limitati e dolorosi, mi rimaneva proprio poco da fare, rimasi tanto, tantissimo tempo, ferma ed immobile; non potevo allungare le braccia, perciò niente più Reiki.

Molte persone che mi avevano gravitato intorno quando ero sempre disponibile ed efficiente, mi abbandonarono con la scusa che non potevano vedermi in quelle condizioni, mi evitarono perché facevo loro pena: rimasero accanto solo i miei cari ed i veri amici, che sempre ringrazierò per il loro immenso Amore.

Avevo toccato il fondo, ero proprio a terra. Tuttavia una lucina continuava ad illuminare le mie giornate, sentivo che potevo farcela ancora una volta.

"L'araba fenice" sarebbe di nuovo risorta dalle sue ceneri! L'atteggiamento di fiducia e di speranza che mi aveva accompagnato nelle altre malattie continuò ad essere vivo in me, anche se nei giorni più bui e disperati fu difficile mantenere la fede. Quando accettai di continuare una vita con un handicap che limitava seriamente la mia quotidianità, ci fu la svolta...

Fu a quel punto che giunse la soluzione ai miei problemi, finalmente arrivò il medico giusto, che mi diagnosticò la malattia celiaca; disse che era questa l'origine fisica dei miei problemi, dalle cheratiti in avanti, fino al blocco articolare con la frattura causata dall'osteoporosi. Iniziai l'unica terapia possibile, la dieta priva di glutine. Con il passare dei mesi lentamente recuperai quasi completamente l'uso del braccio sinistro, mentre il destro che aveva subito i tre interventi più la frattura, restò compromesso.

Capii che la celiachia però era solamente la causa organica, ma che quella "vera" dovevo cercarla dentro. Lavorai con la medicina psicosomatica ed arrivai a capire tante cose di me e del passato represso, in cui il senso di impotenza, e di costrizione avevano causato rabbia e dolore, che covati dentro non erano mai stati veicolati verso l'esterno.

Avevo tenuto tutto dentro per tanto, troppo tempo.

Il solito vecchio problema di voler compiacere per paura di perdere affetto e certezze, era finalmente emerso a livello conscio: e compresi che la malattia era stata un'aggressione verso me stessa. Compresi che il non aver saputo difendermi, dire di no e ribellarmi quando mi ero sentita braccata, mi aveva messa con le spalle al muro.

Capii così che ogni volta in cui la vita mi aveva obbligata a decidere e a fare delle scelte io avevo sempre ripetuto il vecchio cliché della malattia: era il mio modo per fuggire da un conflitto.

A quel punto fui costretta a prendere in considerazione una nuova vita, dovetti cercarmi altri ormeggi; avevo bisogno di punti fermi e questa volta non volevo più cercarli negli altri.

> *Volevo essere libera dai giudizi. Libera dai condizionamenti. Libera dal passato. Libera di cambiare. Libera dalla paura e dal dolore. Libera di esprimermi. Libera di essere me stessa fino in fondo.*

Così iniziai a guardarmi dentro con un nuovo atteggiamento.

Il mio nome è Maria Gabriella e fin da piccolissima avevo sentito il peso ed il conflitto dell'avere due nomi: non li volevo, io volevo essere solo Gabriella. Avvertivo anche nel nome una scissione, come una frattura tra due esseri in uno; era come se questi due nomi segnassero due identità distinte, che si facevano la lotta.

Ma io chi ero? Volevo assolutamente capire e guarire ed iniziai ad esplorare nell'ultimo posto in cui mai avrei pensato di andare a cercare, ed in cui poter trovare risposte e soluzioni.

Cercai e mi guardai dentro! Fu tutto come se lo avessi lasciato il giorno prima, ritrovai immediatamente le antiche sensazioni; la memoria delle vecchie percezioni ritornò all'istante, in un ricordo vivido e fresco. All'improvviso capii che cosa avevo dovuto scoprire: attraverso il dolore avevo sperimentato lo scontro e l'incontro delle mie parti. Avevo vinto la battaglia smettendo di aver paura di me stessa, e di ciò che sentivo; mettendomi a nudo avevo riunito le vere parti del mio sé.

Accettandole interamente potei riappropriarmi della mia forza e capii finalmente di essere "giusta" comunque fossi, abbandonando l'idea di essere sbagliata e non meritevole.

Smisi così di lottare per avere amore e approvazione, accettandomi mi amai, e trovai la vera Gabriella; quella che aveva sempre reclamato il suo posto, che voleva far sentire la sua voce e che si era confusa e persa in tante mille parti, che altri le avevano cucito addosso, ed in cui si era identificata.

Ad un certo punto accadde: capii come sistemare i pezzi del puzzle. Iniziai a *sentire di nuovo con il cuore* e scoprii che quello che da bambina avevo vissuto solamente con paura, e dolore, adesso come donna potevo elaborarlo in altro modo.

Adesso potevo capire il significato delle mie percezioni, e sentirle mi dava la chiave per entrare nei cuori, prima di tutto nel mio e poi in quelli altrui, offrendo una nuova energia per lenire i malesseri che avvertivo.

Iniziai a lavorare con queste energie sottili ascoltando quello che mi trasmettevano, smettendo di averne paura; a quel punto fu come se le sottili frequenze dell'energia mi parlassero, riuscivo a coglierne immagini, colori e suoni.

Da quel momento ho permesso che venisse finalmente alla luce la mia energia d'amore, ed ho coniato il termine LAAV® per definirla, significa Luce – Amore – Armonia Vibrazionale, pronunciata come la parola *amore* in inglese.

Oggi posso dire di essere riuscita a ritrovare me stessa ed il mio Grande Amore, quello che avevo sempre cercato.

Un amore a mia misura, che mi dà esattamente quello che chiedo. Sempre presente ed intenso proprio come me.

Non mi sento più sola perché questa energia calda ed avvolgente mi segue ovunque: è finalmente il porto sicuro a cui sono approdata dopo tanto girovagare e molti naufragi.

Capitolo 3

Energie sottili e realtà

Dall' incontro e dalla fusione delle parti separate in me è ripartita finalmente una nuova vita.

Oggi chiudendo gli occhi si aprono delle porte serrate, sento le emozioni nelle loro diverse sfumature, come sensazioni che raccontano la loro storia, e che parlano di tante cose: di paura, di tristezza, di dolore, di gioia e di amore.

Posso sentire se le emozioni si sono fermate nel loro fluire, e dopo averle decifrate riesco a trovare nuove soluzioni, riesco a dare risposte attraverso un linguaggio, che mi risulta semplice ed immediato: ho ripreso a sentire e a parlare con il cuore.

Come un'interprete leggo e traduco quello che sento dentro le persone, quando mi avvicino percepisco le loro emozioni più profonde ed i loro "nodi". Sono stata definita interprete dell'Anima! Una definizione così bella e adeguata per definire ciò che sento.

Aver combattuto tanto e avere così sofferto mi ha permesso di affinare il contatto e l'abbraccio con il dolore, in un processo di riconciliazione e di consapevolezza.

Riesco a sentire quello che le anime in fondo reclamano e a gran voce vogliono comunicare, perché è la mia voce del passato che sto ascoltando.

Oggi so che questo dono doveva venire alla Luce per permettermi di essere davvero me stessa.

È questa la cosa che so fare meglio, e che cercavo fin da bambina di ricordare: lavorare con l'*energia del cuore*, la meravigliosa Fonte Luminosa d'Amore che ci circonda. Essa porta armonia nelle vibrazioni che attraversano e riempiono le tre parti dell'essere: corpo, mente ed anima.

Dopo aver lavorato e sperimentato tanto nel percorso verso me stessa, oggi ho elaborato un metodo che rende le persone più armoniche, più libere, più in contatto con la propria Anima.

Oggi so che tutto quello che ho vissuto è stato necessario per riavvicinarmi a me stessa, mi ha aperto la strada affinché vedessi e accogliessi il lato sensibile senza averne più paura; uscissi allo scoperto per diventare "visibile", e permettere alle antiche sensazioni di venire alla luce.

Quella che sono è il risultato di doni innati, studio e ricerca uniti alle esperienze che ringrazio e benedico perché sono state il percorso che mi ha portata fin qui.

> *Credo che sia essenziale accettarsi, approvarsi, perdonarsi ed amarsi prima di chiedere a qualcun altro di farlo per noi.*

Ho faticato tanto ad amarmi!

E tu, devi ancora accettare qualcosa che ti fa paura, o non ti piace?

Forse non riesci ad accettarti semplicemente perché ti giudichi, e così prendi le distanze dal tuo disagio, rafforzando proprio il giudizio e la non approvazione.

Vorrei che tu potessi conoscerti un po' meglio, e fare pace

con te stesso durante questo piccolo tratto di strada insieme.

Il mondo in cui ho vissuto mi ha fatto da specchio perché *vedessi* e *capissi.*

È così per tutti, il mondo esterno non è altro che il riflesso di quello interiore; quello che non piace, fa arrabbiare o soffrire si trova dentro di noi. Tutto avviene per portarci in contatto delle parti da guarire, dei conflitti non superati. Dobbiamo innanzitutto accettarci facendo pace con noi stessi perché siamo i nostri peggiori giudici, gli accusatori più implacabili.

Tuttavia cessiamo di esserlo quando ci rendiamo conto che le *esperienze che viviamo sono il solo lasciapassare per trovare noi stessi.*

La riconciliazione tra le due parti avviene con la sperimentazione della logica degli opposti: Ying e Yang, bene e male, brutto e bello. Viviamo in un mondo duale proprio perché dobbiamo trascenderlo e giungere all'Uno.

La separazione tra corpo e mente, anima e corpo deve essere intesa come strada e opportunità per ritrovare la nostra vera essenza. Essa fa parte dell'Uno inteso come Dio, fonte e origine di ognuno di noi, in quanto vite umane.

Qualche volta si sente dire che la vita è ingiusta. In questo periodo storico si avverte sempre di più la sensazione che le cose vadano a casaccio, che non ci sia un senso in quello che stiamo vivendo.

Troppe brutture, troppe ingiustizie!

Io credo invece che nell'evoluzione sia un passo importante lo scontro tra gli opposti, ovvero si può scoprire l'altra faccia della medaglia solo se la si attraversa.

Intendo dire che se si salta da una parte all'altra si rimane sempre nella dualità, appunto nella logica degli opposti bianco o nero, bene o male, gioia o dolore, dentro o fuori ecc.

Siamo abituati a dover sempre fare una scelta, ce lo impongono fin da piccoli: vuoi questo o quello? Vuoi più bene a mamma o a papà?

Tuttavia una scelta esclude sempre l'altra.

In questo modo la logica degli opposti diventa l'unica condizione di vita.

Impariamo a ragionare secondo questo schema!

Ci sentiamo persone coerenti, per bene ed affidabili se perpetuiamo gli stessi comportamenti.

Giudichiamo dall'alto in basso coloro che non la pensano come noi, che non hanno la pelle come la nostra o la stessa religione.

Siamo convinti che le cose siano davvero così, viviamo secondo le nostre sacrosante convinzioni e con le nostre buone abitudini!

Credo invece che la *staticità faccia diventare rigidi, terribilmente chiusi al nuovo, al diverso, totalmente fissi e dogmatici.*

Tuttavia dallo scontro tra le parti può nascere un nuovo pensiero e di conseguenza una nuova posizione. Per questo è importante dare al conflitto il suo autentico valore e significato.

Infatti stiamo vivendo questo: la vita degli altri viene a coinvolgerci persino dentro casa, sappiamo tutto di tutti, il dolore, le disgrazie, le guerre, i conflitti li sentiamo quotidianamente risuonare dentro.

Tuttavia dobbiamo difenderci ed allora cosa facciamo?

Chiudiamo i canali di ricezione.

Facilmente ci si abitua a ciò che ci sommerge, il buono non lo si nota più ed il brutto che fa così paura si isola attraverso due strade: la prima è quella di coloro che se ne fregano pensando " Tanto non tocca a me!" la seconda è quella di coloro che pensano " Oddio e se toccasse a me?"

In entrambi i casi si forma un *pericoloso "callo" sul cuore.*

Ci rende insensibili al vero problema, ci fa comportare secondo la logica degli opposti: "Me ne frego!" Oppure "Che faccio se succede a me?".

Tu come ti poni rispetto a queste due posizioni?

Forse ti sposti da una all'altra a seconda delle situazioni o del momento?

Voglio suggerirti una nuova possibilità per vedere le cose da un altro punto di vista, non più nell'ottica della separazione, ma dell'unione.

C'è una terza strada infatti, che mira a riunire le due estremità, che permette di vedere la vita con nuovi occhi: la Via del Cuore.

Attraverso le *lezioni che la vita ci offre per apprendere l'Amore Incondizionato* possiamo davvero imparare che cosa serve per vivere qui sulla Terra. In questa dimensione fisica e materiale che, seppur limitata e divisa dalla Fonte, ci permette di fare le giuste esperienze per capire.

Solo trascendendo la dualità si attraversa la Linea di demarcazione tra le parti e si ritorna all'UNO.

> *Possiamo imparare che la logica degli opposti si supera sostituendo semplicemente una lettera con un'altra: al posto della "o" proviamo ad inserire la "e".*

Così nella vita ci sarà finalmente posto per il bello ed il brutto, il pieno ed il vuoto, l'amore e la paura e non saremo più obbligati a scegliere. Solo attraversando il confine possiamo permetterci di spaziare e di concederci entrambe le esperienze senza sentirci legati o bloccati dalla paura di non uscirne fuori, e di restarne per sempre imprigionati.

La lezione sullo scontro tra le parti è stata decisiva e fondamentale nel mio percorso di vita.

Io sono sempre stata schierata da una parte o dall'altra, tutto o niente, così o cosà. Tuttavia il dolore che questa rigidità mi ha portato, oggi mi ha fatto capire che i conflitti sono fatti per comprendere e attraversare la "linea di confine" e non per continuare a saltellare da una parte all'altra.

Prova a ripensare ad avvenimenti o situazioni in cui questa presa di posizione così rigida e assolutista ti ha fatto soffrire.

È davvero utile essere più elastici per evitare dolore, rabbia, paura, insoddisfazione...

È stata questa la chiave per aprire la mia serratura arrugginita, l'essere più morbida è oggi il mio filtro di lettura e di interpretazione degli eventi.

Grazie a questa nuova consapevolezza sono riuscita ad entrare in un mondo più sottile, eppure più consistente di quello cosiddetto normale. È solo dentro se stessi che si possono trovare le chiavi dell'Anima, apprenderne il suo linguaggio sarà un percorso vivo e denso di significati esistenziali.

Parliamo un po' di vibrazioni ed energia

Tutto iniziò con le energie che sentivo da bambina. Continuò con le sensazioni sottili che non riuscivo a comprendere, ed è proseguito con la capacità intuitiva ed interpretativa che si è materializzata nel LAAV®.

Questo rappresenta il viaggio dentro me stessa: l'energia è stata la chiave, il fine e lo strumento attraverso cui ho camminato, sofferto, gioito, amato, vissuto in passato, e che continuo a sentire ogni giorno con passione ed entusiasmo.

Mi illumino quando parlo di energia, e sono convinta che sia vita e, come tale, la base attraverso cui esistiamo. Il corpo umano è disseminato di moltissimi punti di contatto con l'infinita energia vitale e nei 7 chakra, quelli più conosciuti, viene incanalata maggiormente l'energia vitale, il *Chi*.

Cosa sono i chakra?

> *Sono delle porte d'ingresso attraverso cui riceviamo ed espandiamo energia sottile.*

I famosi sette li considero centri importanti, ma non unici, per un completo contatto energetico, perché a mio avviso ogni centimetro quadrato del nostro corpo fisico e aurico è disseminato di innumerevoli porte di comunicazione tra noi ed il cosmo.

Quindi credo che siano sicuramente più di sette!

Vedo l'essere umano come un'antenna ricetrasmittente in grado di ricevere e trasmettere informazioni e comunicazioni preziose per l'esistenza sul piano terreno. I punti collegati con le principali ghiandole endocrine sono di certo per un terapeuta "luoghi da visitare" per poter conoscere la situazione energetica di una persona, e sentire il livello vibrazionale di ciascuno di essi. Tuttavia le vibrazioni si possono percepire ovunque e non solo in corrispondenza dei sette chakra.

Riesco a sentire il campo aurico delle persone e avvicinandomi fino a sfiorare il corpo fisico posso "leggere" quello che è stato trattenuto e soffocato. Molte volte le lacrime sgorgano proprio come segno di liberazione e di pace e la persona prova un'intensa sensazione di Unità su tutti i livelli di coscienza.

Poter vedere e sentire cosa si nasconde in un'anima è sicuramente un grande Dono e sono grata a Dio per avermelo concesso.

Oggi so che è stato necessario arrivare fin qui percorrendo questa strada sofferta, ma avere nelle mani e nel cuore Luce e Amore è la ricompensa più grande.

Oggi sento le vibrazioni dell'essere umano in tutte le loro sfumature e manifestazioni e riesco a decodificarle attraverso un codice di interpretazione personale.

Posso aiutare a vedere oltre, perché dare soluzioni e risposte è facile quando si sentono.

Non credere però che sia diversa da te, sono un essere umano con limiti, difetti e fragilità, sono una semplice e piccola donna che a prima vista può ispirare tenerezza e senso di protezione, la mia forza però è tutta dentro!

Nella vita personale anch'io come tutti sto lavorando per arrivare all'UNO, sono sul Sentiero e vi cammino qualche volta incespicando, qualche volta provo tristezza o paura, altre volte mi fermo, ma poi riparto sempre, animata solo dalla Luce e dall'Amore che sento in me.

Non sarebbe giusto che mi venissero risparmiate le lezioni e le prove di vita, sono sul Sentiero e lo devo percorrere come te, forse l'unica differenza la fa la mia Fede e la voce che nasce dal mio cuore.

Solo nel mio lavoro sono sempre sicura di me stessa, e di quello che dico e faccio non ho mai nessuna paura o tentennamento.

Quando sono in collegamento con la Fonte non ho mai dubbi o incertezze.

Le mie percezioni mi fanno capire che la realtà che vediamo è più complessa ed articolata di quel che potrebbe sembrare a prima vista.

Tutto nell'Universo è vibrazione, dal piano della materia fisica fino a quello delle energie più sottili, tutto si muove.

Questo lo confermano i fisici che studiando il mondo fenomenico si sono ritrovati a scomporre la materia in elementi sempre più piccoli e ad arrivare alla formula ormai famosa di Einstein: l'energia è uguale alla massa (materia) moltiplicata per la velocità della luce elevata al quadrato, ovvero TUTTO È ENERGIA.

La realtà fenomenica non è come siamo abituati a vederla comunemente; essa nasconde al suo interno un mondo molto più sottile: quello energetico, vibrazionale.

La materia è energia compressa, concentrata in uno spazio minore rispetto all'energia sottile che non si vede ad occhio nudo.

Esistono tantissimi tipi di energia, (termica, elettrica, meccanica, nucleare, etc...).

Ognuna viaggia su uno specifico canale e risponde a determinate leggi, ma c'è qualcosa che le accomuna tutte: il movimento.

Nell'Universo non esiste staticità. Tutto è in espansione, qualsiasi forza energetica è costituita da particelle che si muovono secondo una certa lunghezza d'onda e una certa frequenza al secondo. Esistono sostanzialmente due tipi di energie, quelle sottili e quelle pesanti.

L'energia sottile e leggera vibra con una frequenza alta, al contrario quella grossolana e pesante vibra ad una frequenza più bassa. Infatti la frequenza vibratoria della materia è inferiore rispetto a quella dell'energia propriamente detta.

Ogni forma fisica interagisce con tutti i campi di cui è costituita, dal grande al piccolo, in un intreccio di comunicazioni. La capacità di percepire i campi energetici è innata. Possiamo registrare vibrazioni in un abbraccio, guardando un tramonto, ascoltando parole d'amore...

Sono davvero tante le possibilità di percepire le sensazioni sottili che attraversano la mente passando dall'anima.

Mi piace l'idea che presto tutti un giorno sapranno comunicare con l'anima, così si potrà leggere naturalmente nei cuori, e nessuno avrà più bisogno di difendersi, chiudendo la porta della sensibilità, e dell'amore.

È meraviglioso sentire l'energia vibrante che nasce dentro ogni essere e sapere che questa ci accomuna ed unisce. Se ognuno imparasse questo linguaggio ci rispetteremmo per davvero: *perché dentro siamo tutti uguali!*

Troverai in questo libro una serie di esercizi, e consigli per entrare in contatto con la tua percezione sottile, dovrai esercitarti molto però perché nulla nasce senza impegno, costanza e determinazione.

Questo vuole essere un libro operativo, il mio intento è quello di offrirti tanti strumenti utili per migliorare la percezione che hai di te stesso. Negli esercizi di meditazione potrai trovare un varco per entrare in te stesso. Quello che scoprirai spero ti faccia innamorare del percorso, e ti invogli a continuare, per crescere e migliorare sempre più.

Per facilitarti l'incontro con la meditazione, per evitarti passi falsi e perdite di tempo ho pensato di fornirti tanti consigli utili per meditare bene.

Con l'augurio di vivere intensi momenti di pace!

È davvero importante comprendere l'importanza del benessere, per stare davvero bene infatti è necessario valutare l'energia come una necessità imprescindibile e non come possibilità da sperimentare o meno.

Io credo che senza un'energia vitale forte, la vita diventi stanca e senza obiettivi precisi, ed è per questo motivo che insisto nel consigliare la ricarica energetica quotidiana a tutti.

> *Non rendersi conto di essere scarichi fa sì che si viva non utilizzando il proprio potenziale al completo, restando preda di cali energetici o peggio ancora di crolli.*

Essere stanchi ed esauriti energeticamente rende più soggetti agli attacchi dell'ego, che ti vuole deviare dal Sentiero del Benessere e dell'Amore.

Come sono sottili e subdoli gli agguati dell'ego!

Ti investono e ti riempiono l'esistenza senza che neppure te ne accorga.

Eppure si potrebbe fare qualcosa per rintracciare la sua intrigante presenza nella tua vita.

Come, ti chiederai?

Installando un piccolo "sensore di rilevamento" al tuo stato interiore.

Ci sono al mondo due sole possibilità: avere uno stato d'animo positivo oppure negativo.

Se sei nell'uno non puoi essere nell'altro e viceversa.

Fin qui sembra tutto facile e scontato, ma non lo è per niente vero?

Come si fa a semplificare il processo di controllo interiore?

C'è una soluzione per poter verificare costantemente cosa stai pensando, e percependo: far monitorare al sensore il tuo stato emozionale.

Se sei in grado di intervenire sul tuo stato d'animo negativo il più è fatto, purtroppo però non è facile verificare sempre e poi risanare le emozioni.

Per questo ti parlavo di un sensore, che è applicabile facilmente nel LAAV®.

Esso ti viene in soccorso ogni volta che il pensiero devia dalla traettoria del benessere.

Quando ti senti in calo energetico perché sei più stanco ad esempio, è normale che tu abbia pensieri negativi, mentre quando sei in forma sei in grado di vedere le cose da un punto di vista decisamente più favorevole.

Quando sei confuso l'ego padroneggia come vuole, e non sei più lucido ed obiettivo per capire che non sei più tu a dirigere la tua vita.

Il sensore dei tuoi stati d'animo può essere applicato facilmente. La condizione necessaria è avere un buon livello energetico, che è la chiave per poter guidare i tuoi passi sgominando facilmente le bizze e le paranoie dell'ego tiranno.

Quanta più energia possiedi maggiori sono le possibilità di intervenire attivamente per sostituire, modificare o trasformare gli stati negativi.

Avere invece scarsa energia non ti permette di effettuare tutto quello che desideri, e neppure come lo vorresti.

La soluzione più utile, la prima dal mio punto di vista, è quella di iniziare un programma di ricarica energetica quotidiana. Puoi scegliere la tecnica che preferisci, ma è essenziale che tu possa recuperare le energie perse. Senza un buon recupero energetico, monitorare i propri stati interiori diventa molto più difficile e dispendioso

Io credo che sia questo il PRIMO GRANDE SEGRETO: avere tanta energia in corpo, ovvero tanta forza.

Successivamente si potrà decidere come utilizzare il proprio carburante, come quando si ha il serbatoio pieno dell'auto e si può tranquillamente scegliere la meta del viaggio.

Iniziare un percorso senza il carburante necessario fa rischiare di doversi fermare per la strada e qui il rifornimento può essere davvero difficoltoso.

Nel LAAV® è possibile in pochi istanti recuperare il proprio fabbisogno energetico infatti nel programma di lavoro che insegno è fondamentale il processo di ricarica energetica perché credo che sia l'*A B C* del benessere e della manifestazione di Sé.

Quando si sale energeticamente tutto è possibile in modo semplice ed automatico, anche l'ego si fa gradualmente da parte, perché solo l'energia del cuore e dell'Amore può portare

Luce ed illuminare il palcoscenico della vita.

Il livello energetico è determinante per qualunque destinazione tu voglia prendere.

Ricorda perciò di tenere sempre alto il livello delle tue batterie.

Per il momento voglio suggerirti un esercizio:

Vai davanti allo specchio e guardati. Prova ad immaginare ciò che hai dentro: gli organi, il flusso del sangue, gli impulsi nervosi, lo scheletro ecc. Cerca di sentire ogni parte interna del tuo corpo.

Ora chiudi gli occhi e in piedi con le gambe leggermente divaricate inizia a respirare: inspirando immagina di portare il respiro dal basso verso l'alto ed espirando compi il percorso inverso, segui il tuo respiro come se avessi un monitor. Ripeti l'intero processo per una decina di volte, respira con calma e resta concentrato su quello che fai. Sii unicamente il tuo respiro.

Ad un certo punto potrai sentire delle vibrazioni, potrai scoprirle e riconoscerle in una sensazione, un pensiero particolare che ti appare in mente, un brivido che ti attraversa il corpo, un formicolio, un attimo di consapevolezza.

La cosa davvero importante è che tu non faccia sforzi per sentirle, esse devono emergere naturalmente.

Tu sei vibrazione pura, ma cristallizzata in una forma fisica.

> *Come il ghiaccio è acqua e vapore in 3 differenti stati così tu sei corpo, mente ed anima.*

Capitolo 4

Il linguaggio dell'anima

Ho preparato un percorso che vuole aiutarti ad incontrare il tuo Sé Superiore, in questo viaggio troverai quello che considero un buon sistema per avvicinarsi al proprio mondo interiore e prendere contatto con l'Anima che parla un linguaggio delicato e sottile.

Puoi imparare questa nuova lingua ascoltandoti con attenzione e consapevolezza, ti farò partecipe di ciò che potrà aiutarti a conoscerti meglio ed in profondità.

Ricordati però che leggere non è sufficiente: dovrai agire.

Niente e nessuno potrà imparare per te!

Ricordati di ascoltare la tua Anima, questo è il mio invito.

Ti auguro buon lavoro.

Come si impara un nuovo linguaggio?

Per imparare a decodificare il linguaggio dell'Anima occorre agire con l'applicazione di un metodo serio e preciso articolato nei seguenti punti:

1. Decidi consapevolmente di imparare.
2. Abbi l'intenzione di proseguire seguendo gli insegnamenti.
3. Impegnati quotidianamente e dedica tempo e spazio all' apprendimento.

4. Abbi costanza nell'applicazione, al di là delle scuse che la mente potrà suggerirti.
5. Abbi fiducia in te stesso e convinciti di essere sempre all'altezza di conseguire i risultati prefissi.
6. Vinci le paure e riscopri le grandi possibilità del Sé.
7. Reagisci positivamente agli ostacoli, alle difficoltà che la vita mette sul cammino.

Ogni punto verrà sviluppato e approfondito nelle prossime pagine. Ti suggerisco di scrivere questo elenco, e magari di impararlo a memoria. L'esercizio dimostrerà la sua utilità via via che il percorso andrà articolandosi, esso permetterà alle due menti, conscia ed inconscia di lavorare sinergeticamente per appropriarsi dei concetti espressi.

Ti auguro buon viaggio e ti incoraggio a muovere i tuoi primi passi sul tuo **Sentiero di luce e amore.**

Sviluppo dei primi due punti:

- Ti do una bella notizia. Il primo punto nell'apprendimento del linguaggio dell'Anima: *Prendi la tua* DECISIONE lo hai già conquistato.

È tuo perché hai scelto di seguire questo percorso, hai DECISO di provarci! Hai pensato di metterti in gioco e di voler contattare quelle parti di te che stanno ancora sonnecchiando. Aver acquistato questo libro è stata l'azione che ti ha diretto verso te stesso.

Bene! il primo passo lo hai compiuto. Adesso devi solo applicarti negli esercizi.

- Passiamo direttamente al secondo punto: *Segui la tua Direzione.*

Sono certa che nella vita tu abbia già intrapreso molte direzioni, ovvero abbia già letto, ascoltato o studiato diverse correnti di pensiero, filosofiche, religiose, spirituali.

Alcune le avrai sentite più tue, altre meno, ma la cosa davvero importante e che devi sapere, è che c'è una Direzione che ti appartiene, perché tua al 100%.

Stai percorrendo questa strada da quando sei nato.

È la tua Vita!

Niente viene mai per caso, quindi tutto ciò che hai incontrato, i libri, i seminari, le tecniche, fanno tutti parte di questo percorso di crescita interiore.

Quando hai trovato il libro che ti ha dato le risposte che cercavi. Quando hai frequentato un seminario di autoguarigione in un momento buio.

Quando... (e solo tu sai cosa!)

È sempre stata la tua Guida Interiore a suggerirti cosa fare, dove andare, e ti ha indicato il percorso.

Sono assolutamente certa che fili sottili muovano le nostre esistenze e così, quando stiamo allontanandoci troppo dal "Sentiero", ecco giungere a noi un segno, un avvertimento, in ogni caso un Aiuto che ci riporta sulla giusta via.

Oggi sei approdato a questo libro, questa può essere la tua direzione di oggi. È un segno, uno strumento che può aiutarti a fare grandi passi in avanti. Sappi però che nessuno può camminare al posto tuo.

Ricorda che sei tu a dover rimanere concentrato per sviluppare le doti sopite in te. Immagina questo lavoro come un percorso di vita. Giorno dopo giorno focalizzati sul Sentiero della tua anima, sentilo tuo. Soprattutto non sentirti solo, sappi che siamo in tanti a volerlo percorrere, tutti alla ricerca di noi stessi per vivere una "Vita Nuova" come esseri umani appagati e realizzati, ed imparare la cosa più difficile, ma anche la più straordinaria: *saper vivere bene.*

- Il terzo punto è: *Impegnarsi quotidianamente e dedicare tempo e spazio all'apprendimento.*

Per acquisire una nuova abitudine ci vuole del tempo, soprattutto se mira ad adottare nuovi atteggiamenti perché siamo tutti degli inguaribili abitudinari.

Chi non riesce ad uscire di casa senza aver bevuto un caffè?

Chi non rinuncerebbe mai all'attività sportiva?

Chi non uscirebbe mai senza essersi truccata?

Tu a cosa non rinunceresti mai?

Ognuno di noi ha certamente le sue sacre abitudini, ragionate o no, utili o dannose gli si sono cucite addosso come una seconda pelle. Ma c'è stato un tempo in cui queste abitudini non erano ancora approdate nella tua vita, non le avevi ancora scoperte.

Pensa ad esempio, alla tua prima tazzina di caffè.

Magari non ti era neppure piaciuto il gusto, ma forse oggi senza quella dose quotidiana di caffeina non riesci proprio a tirarti su.

Oppure pensa alla difficoltà che hai provato quando hai iniziato una nuova attività (guidare l'auto, o usare il computer).

All'inizio tutto è difficile, strano, e ti sembra impossibile raggiungere un risultato apprezzabile ma, continuando ad esercitarti giorno dopo giorno, tutto diventa automatico e all'improvviso scopri che anche nella guida riesci a fare naturalmente i movimenti giusti, senza neppure più pensarci.

Ebbene, voglio spronarti ad agire per "installare" nuove abitudini che ti porteranno gradualmente ad ottenere ciò che cerchi: apprendere il linguaggio dell'Anima.

È necessario che tu possa riservare ogni giorno un po' del tuo tempo a questo pensiero, alla tua intenzione. Ritaglia un po' di spazio nella tua giornata, ma soprattutto dentro la mente, affinché l'apprendimento possa continuare. Fai in modo che sia un momento tuo, in cui poter entrare in contatto con te stesso. Possibilmente fai gli esercizi alla stessa ora perché la mente deve essere addestrata con regolarità e costanza. Immagina il tuo cervello come un cucciolo che deve imparare delle regole; se saprai usare metodo e disciplina otterrai grandi risultati, se invece gli permetterai di fare ciò che vuole ti ritroverai con un compagno dispotico, prepotente e capriccioso.

Dopo aver scelto "quando" apprendere, scegli il "dove", cerca un posto in cui eseguire gli esercizi. Questo luogo diventerà il tuo Spazio Sacro Esteriore in attesa di raggiungere il tuo SACRO IO INTERIORE. Per cominciare, puoi utilizzare l'esercizio sul respiro che ti ho suggerito precedentemente, ma ti ricordo che hai un intero capitolo dedicato alla meditazione, e sul mio sito troverai alcuni esercizi di meditazione guidata in formato audio.

Procedendo con impegno tutto questo diventerà un vero e proprio rituale di BENESSERE, e se ti piace accendi pure una candela, brucia dell'incenso, metti una musica di sottofondo, mettiti comodo e accogli tutto quello che ti fa stare bene.

Perché dovresti MEDITARE?

L'uomo secondo me ha bisogno di meditare per due motivi:

per collegarsi con il Divino

per staccare la spina che alimenta i pensieri nella sua mente e potersi Conoscere veramente.

Si può scegliere di fare meditazione per soddisfare uno o entrambi questi bisogni ma, per poter vivere meglio, l'uomo deve fare "*spazio*" a questo processo di conoscenza interiore.

Meditare può essere sia il fine che il mezzo attraverso cui arrivare alla Consapevolezza. Ovvero se decidiamo che la nostra vita diventi Meditazione allora saremo sempre Presenti a noi stessi, quindi sempre più Consapevoli e Appagati.

Non più soggiogati dall'ego e dall'illusione.

Se attuiamo la meditazione come mezzo attraverso cui "*permettere alla mente e all'anima di riposare*" allora troveremo veri momenti di tranquillità e serenità e avremo nuova forza per andare avanti.

Cercherò di farti "innamorare" della meditazione, vorrei farti conoscere la sua bellezza e la sua funzionalità.

L'obiettivo di questo libro è di guidarti attraverso riflessioni ed esercizi che susciteranno benessere e quiete in te, la mente si zittirà e nel profondo silenzio potrai ritrovare la vera Fonte di Vita, in cui tutto è Quiete, Pace e Amore.

Ma il vero e grande scopo è di farti sentire ad ogni respiro *il Cuore che ride e l'Anima che canta*, nonostante le difficoltà della vita.

Capitolo 5

Come comunicare con l'anima

- Ecco il quarto punto per apprendere il linguaggio dell'Anima: *Abbi Costanza nell'applicarti, al di là delle scuse che la mente suggerirà.*

Qui troviamo la chiave che ti porterà verso il successo; senza costanza e allenamento non si ottiene nessun risultato. La costanza è una dote da sviluppare perché molto utile in qualunque campo di applicazione. Per apprendere il linguaggio dell'Anima è una qualità davvero indispensabile!

Ogni disciplina sportiva obbliga gli atleti ad allenamenti ed esercizi costanti.

Perché?

Per ottenere un riscontro si deve perseverare!

La mente rema spesso contro il nostro vero benessere e ci convince di cose non vere, ad esempio che le sane abitudini costano sacrificio e fatica.

Hai imparato questa associazione *costanza = difficoltà*?

Se sì, allora dovrai rivedere questa convinzione e approfondire i luoghi comuni che solidamente hai radicato in te.

La mente trova spesso delle ottime scuse per lasciarti nella pigrizia, e farti stagnare in situazioni dolorose.

Ecco un elenco di alcune delle scuse escogitate dalla mente:

- non ho tempo per fare gli esercizi,

– non servono a molto,
– oggi mi prendo una vacanza,
– non succede niente di grave saltare qualche volta,
– non sono portato per fare ogni giorno le stesse cose
– ecc, ecc... qui puoi aggiungerci le tue!

E si, la mente riesce a farti fare quello che è meglio per lei, così ti lascia nella confusione e nel caos dei tuoi pensieri.

Credi di non poter trovare ogni giorno 10 minuti per te?

Che sia difficile se non impossibile diventare una persona costante?

Ebbene ti do una buona ed una cattiva notizia. La cattiva è che hai ragione! Non potrai mai trovare del tempo per te stesso se non lo cerchi, non potrai mai cambiare se non ci provi per davvero, se non lo credi possibile.

La buona è che se vuoi puoi trovare ogni giorno del tempo da dedicare a te stesso, è facile basta "credere che sia possibile". *Lasciare spazio alla "possibilità di..." permette alle cose di accadere!*

Inizia col dedicare ogni giorno dieci minuti a te stesso, possibilmente alla stessa ora (per creare più facilmente l'abitudine), scegliendo tra: rilassamento guidato, meditazione, ascolto di musica piacevole, passeggiata nel verde, ecc.

Prendi in mano la tua vita con questi semplici iniziative, comincia oggi, presto vedrai fantastici risultati.

Ricorda che si deve rinnovare ogni giorno la scelta di incontrare se stessi, i mezzi che ti ho suggerito sono efficaci, provali!

• Il quinto punto rappresenta un nodo cruciale nel nostro percorso: *Abbi fiducia in te stesso.*

Quanta fiducia hai di poter ottenere un successo? Ebbene

in qualunque piano voglia cimentarti è determinante credere di potercela fare.

Cosa vuol dire avere fiducia in se stessi?

Significa sapere esattamente di "valere" e di poter credere in ciò che senti e che sei.

In poche parole "Devi darti fiducia. Devi poterti fidare di te".

Affideresti la tua vita nelle mani di un estraneo? Forse sì oppure no, certo è che la fiducia è una cosa seria; chissà se la riservi a te stesso!

Eppure è una qualità indispensabile per vivere bene, per poter crescere e maturare grandi risultati.

Dato che vivi dentro di te, e hai nelle mani il tuo benessere inizia a credere in te stesso.

Molte volte invece pensi di non essere capace, di non essere all'altezza di conseguire i risultati che ti sei prefissato.

Allora gli obiettivi sembrano allontanarsi dalla tua portata, ti guardi intorno e ti senti perso.

Forse vedi negli altri dei "campioni" capaci di ottenere tutto ciò che vogliono, sembra che per loro sia così facile.

Non è così!

Non arriva mai niente senza un duro lavoro interiore.

La fiducia in se stessi è come un seme che devi piantare nel giardino delle tue possibilità.

Sì perché: "puoi diventare un essere che ha fiducia in se stesso e dà fiducia... alla vita."

Basta crederci!

Credimi: puoi ottenere tutto quello che credi di poter raggiungere e meritare.

La più grande conquista è proprio quella di darti fiducia, credere in te stesso e sapere che sei una creatura illimitata e perfetta.

Qui sulla terra stai facendo un'esperienza di separazione, di mancanza e di privazioni, ma il vero Sé, che vive nella profondità del tuo essere ha già tutto quello che cerchi.

Come in una caccia al tesoro, stai andando all'impazzata per trovarlo, ma stai girando a vuoto.

Guarda nel posto giusto!

Nella "Stanza del Tesoro" puoi ricevere ciò che ti spetta per diritto di nascita.

Sei un essere Divino, Scintilla di Luce creata dall'Amore Assoluto.

Come puoi non avere fiducia in te?

In ciò che puoi fare?

In "chi" puoi essere?

Tu sei un essere straordinario in quanto sei un essere umano.

Tutto ciò che un uomo raggiunge gli appartiene, ma diventa anche di tutti gli altri, perché patrimonio dell'intera umanità.

Ciò che vedi in un tuo simile lo puoi conquistare anche tu e può diventare tuo.

Quello che un altro ha raggiunto prima di te, se vuoi può servirti da apripista, da lanterna che vuole illuminare i tuoi passi.

Segui chi pensi abbia già ottenuto quello che desideri sia in campo spirituale che negli altri.

I Maestri sono discesi proprio per segnalarci la strada, per indicarci quello che si può fare e come.

Non ci si chiede di diventare un santo o un asceta, non ci

viene richiesto tanto, ma basta che si creda che non siamo qui per vivere una vita senza senso, fatta di desolazione e di buio.

Siamo figli della LUCE e come tale possiamo chiedere tanto e volare in alto. Abbi fiducia nelle mie parole: credi in te stesso, puoi farcela a realizzare i tuoi obiettivi. Molte volte abbiamo perso la fiducia in noi stessi e nel nostro valore perché altri ce lo hanno fatto credere. Se da piccoli ci hanno detto più volte: "Non sei capace, lascia stare, guarda che pasticcio hai combinato!" manterremo questa incapacità per tutta la vita, essa rimarrà legata a frustrazione e dolore. Rimarremo per sempre con questa convinzione perché registrata nel subconscio. Le etichette attecchiscono così facilmente ed il lavoro grande nella ristrutturazione dell'io consiste proprio nell'individuarle e eliminarle. Le credenze quando fatte nostre verranno alimentate anche da adulti.

Mi piace raccontare questo aneddoto a tal proposito.

Gli elefanti vengono legati ad un ceppo molto sottile e debole rispetto alla loro stazza.

Essi potrebbero benissimo sradicarlo se volessero. Tuttavia non lo faranno mai, pur potendolo fare, perché abituati fin da piccoli ad essere legati in questo modo. Da piccini essi ci provarono più volte a liberarsi, ma non riuscendoci desistettero.

Da adulti non ci provano più anche se le proporzioni e la forza permetterebbero facilmente di sradicare il pezzo di legno dal terreno.

Ecco cosa possono provocare i condizionamenti e le false credenze.

Forse anche tu da piccolo sei stato legato a qualcosa che ti stai por-

tando dietro perché non immagini che con la forza di oggi potresti liberartene all'istante!

- Il sesto punto: *Vincere le proprie paure e scoprire le grandi possibilità del sé.*

Per poter contattare l'Anima è determinante vincere le proprie paure, ma per poterlo fare è necessario per prima cosa vederle, e successivamente accettarle; poterle considerare per quello che normalmente sono: degli aiuti e non delle nemiche.

Nel Percorso Interiore spesso ci si spaventa quando si intravede qualcosa che non piace o fa male. I cambiamenti ad esempio spaventano tantissimo, ma in realtà molte volte non è tanto l'evento in sé che spaventa (es. cambiare casa, il lavoro, andare a vivere in una nuova città..) ma è la "paura della paura".

È il non poter controllare la nuova situazione ad ingigantire e deformare la realtà.

Cosa ti fa più paura?

Pensaci! Quella cosa ti spaventa perché non sai come gestirla, la consideri estranea e quindi minacciosa, così ne perdi il controllo e ti senti impotente. Ti ritrovi perso all'interno di una situazione da cui vorresti scappare, ma non sai come fare. Intanto la paura avanza, non sai più come fermarla e diventi schiavo di un meccanismo che si nutre della tua energia vitale.

Sei diventato prigioniero, e vivi nella prigione creata da te stesso.

Il vero problema è volere avere sempre l'Assoluto Controllo di ogni cosa, e in ogni momento; non permettere che la vita abbia regole che non sempre si comprendono, e non accettare che è normale e fisiologico avere paura qualche volta.

Non saremmo esseri umani senza questa grande alleata che ha permesso all'uomo di sopravvivere. Il nostro istinto di conservazione è legato alla paura, solo gli irresponsabili o i pazzi non sanno cosa sia la paura.

Tutti l'hanno conosciuta e sperimentata.

In certi momenti avere paura può fare la differenza, e salvare addirittura la vita.

Questa è la faccia positiva della paura, ma ne esiste un'altra. Quella oscura, quella che sopraggiunge quando impedisce di svoltare pagina, paralizza le persone in una vita immobile, sempre uguale e fa sguazzare in un labirinto senza uscita.

La paura allora da alleata diventa la grande Nemica, e si vive nella paura di avere paura.

Cosa fare allora per vincerla?

Si deve vederla per quella che è, capire il suo messaggio e ringraziarla. Quando si vede riconosciuta ed accettata la paura smette di urlare per farsi sentire, si può anche cercare di alleviare la paura ridicolizzandola e amandola: più viene soffocata e più lancerà segnali d'allarme, con continui s.o.s. di pericolo.

Nel percorso di crescita qualche volta fa male guardarsi dentro, così si evita di farlo per non vedere, continuando a non accettare i propri limiti, e la fragile condizione umana. In quanto uomini siamo vulnerabili e imperfetti, ma solo riconoscendo con umiltà la nostra condizione faremo il Vero Salto verso l'Alto.

Solamente così si potrà entrare in contatto con la Parte Divina che alberga in noi, la Parte Luminosa che si nasconde dietro spessi strati di ego, dove si trova l'unico responsabile del dolore, della solitudine e della condizione di separazione in cui l'esistenza umana resta intrappolata.

Sembra un paradosso, ma solo quando chiniamo il capo ed accettiamo la nostra imperfezione diventiamo perfetti e divini. Vedere il nemico fuori di noi fa spostare l'attenzione dal vero epicentro del problema.

Dobbiamo ricordare sempre che il mondo esterno funge solo da stimolo e da movente per poter compiere il vero lavoro, che deve avvenire sempre e solo dentro se stessi.

> *Ecco perché non possiamo sentire l'Anima ed entrarne in contatto se non accettiamo le paure, solo dopo averle riconosciute potremmo lasciarle andare, e fluire nella vita liberi di sperimentare la nostra umanità senza più aggrapparci ad essa, riscoprire così le infinite possibilità del Sé, che libere potranno esprimersi all'infinito.*
>
> *E l'Anima potrà finalmente volare.*

La paura però non è uguale per tutti, non per tutti ha la stessa valenza. Ci sono persone che hanno una soglia della paura più bassa rispetto ad altri, qui avviene un po' come per il dolore, ognuno "sopporta" fino ad un certo punto.

Anch'io ho incontrato la paura nella mia vita, si può dire che mi abbia fatto buona compagnia per tanto tempo. Dopo averci tanto lottato adesso però ci ho fatto pace, la sento come una parte di me che vuole proteggermi, ma non mi fa più paura, così sono riuscita a scrollarmi di dosso il suo peso, e mi sento più libera... leggera. Averla accettata come compagna di viaggio mi permette oggi di guardarmi allo specchio senza dover più bleffare; non devo più fingere di averla sconfitta, perché nel percorso verso se stessi *non ci sono né vincitori né vinti.*

Nel percorso di apprendimento del Linguaggio dell'Anima questo punto è decisivo, perché il Sé Superiore non ha paura della paura, lui sa che tutto è perfetto così com'è. Nella vita certe situazioni possono spaventare; avere paura, sono convinta che sia umano e naturale, quello che non va bene è farsi prendere nelle sue spire e farsi stringere fino a perdere il controllo della propria vita.

È questo che fa proprio male!

Lasciare il potere a questa faccia della paura fa sì che si diventi burattini nelle sue mani. Senza più controlli lei influenza e gestisce i nostri pensieri, e condiziona o domina addirittura la nostra vita.

Anche la paura però ha il suo padrone, lei lavora al servizio dell'ego, ne è la prima ancella e cammina al suo fianco. L'ego si nutre della paura che noi proviamo, senza la sua forza si sente debole, e ciò avviene quando non gli diamo più la considerazione che vuole, così gli togliamo potere, ed è lui allora ad avere paura... di perdersi.

L'ego in realtà è un pallone gonfiato che deve essere alimentato, ma è davvero abile nel nascondersi, nel non rivelarsi per quello che è, così che noi finiamo per identificarci in lui, pensiamo quello che vuole lui e crediamo che sia tutto reale e vero quello che ci fa sembrare tale.

La realtà invece è illusoria, è Maja, come hanno detto gli antichi Saggi.

Per questo motivo occorre demolire l'ego osservandolo, riconoscendolo ed accettandolo per quello che è, o dovrebbe essere: un servitore che deve essere ridimensionato e rimesso al suo posto.

Credo che solo così si possa sciogliere questo sodalizio tra ego e paura. Si può eliminare questo abbraccio distruttivo solo vedendole per quello che sono: parti umane che ci contraddistinguono, ci accompagnano come tante altre necessità funzionali alla nostra sopravvivenza.

Quando riusciamo ad amarci così come siamo, ad accettarci con i nostri difetti ed imperfezioni arriviamo a capire che tutto è giusto e perfetto così com'è.

Tutto è funzionale per farci riscoprire chi siamo.

Dobbiamo solo ricordarci che nella vita è fondamentale la ricerca: attraverso il mondo interiore possiamo capire e forgiare quello esteriore; ma spesso sono proprio le esperienze forti, gli incubi che viviamo, a risvegliare il dormiente in noi perché dobbiamo diventare grandi.

Questa è la nostra scuola, per questo siamo qui!

Quanti possono confermare che dopo una forte esperienza dolorosa è cambiato qualcosa in loro?

Se accettiamo il concetto di essere UNO allora possiamo comprendere che tutto ci appartiene e fa parte di noi.

Il dolore, la paura, la separazione sono gradini sui quale salire per arrivare alle Stelle.

Viverle come opportunità anziché come sconfitte apre le porte alla nostra VERA NATURA. Amare Incondizionatamente è il GRANDE SCOPO: solo che per arrivarci dobbiamo Arrenderci. Anche Gesù lo ha fatto e sulla croce si è Arreso dicendo: "Dio mio Dio mio perché mi hai abbandonato?".

Ha avuto paura perché era umano proprio come noi!

Credo nel Potere dell'Amore e solo attraverso l'Amore possiamo ritrovarci, e il cervello può capire quando la paura è falsa ed immotivata, quando invece è utile e funzionale alla nostra sopravvivenza.

Non penso che si possa gestire la paura solo mentalmente, dobbiamo usare la mente sì, ma per arrivare al Cuore, allo Spirito.

Siamo Esseri Spirituali con un corpo e non viceversa.... non dobbiamo scordarlo mai!

- Siamo arrivati all'ultimo punto: *Reagisci positivamente agli ostacoli, alle difficoltà che la vita mette sul cammino.*

Questo è certamente il più difficile da capire e da metabolizzare, ma ti assicuro che una volta comprese le regole del GRANDE GIOCO DELLA VITA tutto diventerà più facile.

Credo che se non avessi dovuto scontrarmi con tanti ostacoli e difficoltà non sarei oggi qui a scrivere questo libro, e non farei la vita che faccio.

Quella che sono è il risultato dei momenti più duri della mia vita. Quando stavo male e non riuscivo ancora a vedere oltre, mi chiedevo "perché?".

Perché dovevo vivere drammi così grandi?

Che male avevo fatto?

Tuttavia anche nei momenti più bui, quando tutto sembrava precipitare, lasciandomi senza una certezza, neppure un punto fermo a cui aggrapparmi, ho sempre sentito che non era finita per me, che ce la potevo fare a guarire la mia vita.

Il simbolo che mi rappresenta meglio è l'araba fenice che risorge dalle sue ceneri. È stato proprio il momento in cui ho toccato il fondo, quello in cui mi sono arresa, ed ho detto BASTA, a far cambiare la mia vita.

A quel punto ho permesso che le cose accadessero ed ho iniziato a vedere che c'era del bello anche nei giorni più cupi. Ti assicuro che iniziare a cercare quelli che definisco "i semi di Luce nella vita" riserva davvero delle bellissime sorprese. Ogni giorno ho cominciato a trovare almeno un seme, sembrava impossibile all'inizio, ma pian piano tutto è diventato più semplice. Durante l'ultima malattia che mi aveva bloccato le braccia, che non potevo muovere nel modo più assoluto, avevo dolori fortissimi che solo la morfina riusciva a calmare. Non potevo coricarmi nel letto, restando notte e giorno seduta su una poltrona. Ebbene in quel lungo periodo di immobilità e di dolore ho iniziato questo "gioco" ed ho scoperto che riuscivo a trovare ogni giorno dei Semi di Luce per cui essere grata. Quando dopo tre inutili interventi alla spalla destra, mi ruppero in sala operatoria la testa dell'omero, quel giorno mi sono detta "Oddio oggi che cosa posso trovare di buono?" Ci ho pensato un po' e ci sono arrivata, il Seme era che la frattura era composta e non dovevo ritornare il giorno dopo in sala operatoria. Quello che dico non è stata, come forse alcuni penseranno, una magra consolazione.

Oggi questi Semi antichi hanno attecchito. GRAZIE alla frattura è stata evidenziata una insospettabile osteoporosi, e questo ha permesso di arrivare alla diagnosi di celiachia. Dopo tanti problemi, tanto dolore, tante operazioni, ecco che quello che poteva essere letto come un ennesimo evento negativo è stato l'episodio più favorevole della mia vita. Senza quella benedetta frattura avrei continuato con altri problemi, e chissà come sarebbe finita!

Ho voluto raccontarti tutto questo per farti capire che è fondamentale il nostro atteggiamento nei riguardi delle esperienze che viviamo. Tuttavia sono proprio quelle che toccano più in profondità e che fanno più male a permettere un'inversione di rotta.

Capitolo 6

Il percorso è un viaggio interiore

Restare semplici viandanti fa andare qua e là a casaccio, senza sapere dove stiamo dirigendoci, e non c'è niente di peggio che muoversi trasportati dai venti.

Scegli invece di diventare un pellegrino, solo così saprai dove vuoi andare!

Cosa puoi fare per installare la "bussola" per trovare la tua direzione?

Come puoi farlo?

1. Accetta di essere un pellegrino in questo mondo.
2. Chiedi di andare verso la Realizzazione.
3. Credi in quello che vuoi, come se lo avessi già davanti a te.
4. Stai attento ai segnali che la vita porta per orientarti sul Giusto Cammino.
5. Sii grato di quello che ricevi ogni giorno.
6. Non prenderti troppo sul serio, ricordati che la vita è un GRANDE GIOCO
7. Allenati a ricercare i Semi di Luce.

Cosa puoi fare per installare la bussola? Come puoi farlo?

1. *Accetta di essere un pellegrino.*

Questo vuol dire che è necessario capire che girare a vuoto può solo provocare confusione e insoddisfazione.

Il grande problema c'è quando non ci si rende conto di stare girovagando, senza avere un fine ben preciso. Essere un viandante porta a girovagare senza avere una meta, senza conseguire degli obiettivi intermedi per arrivare al Traguardo. Ciascuno di noi invece nasce con uno scopo criptato in una sorta di codice, e quindi da riscoprire.

Nasciamo per uno scopo!

Io credo che siano le lezioni non perfettamente apprese del passato a ritornare esortandoci a fornire altre risposte, diverse da quella già date.

Per questo certi scogli sono così duri!

La mente risponde in automatico, producendo sempre le stesse reazioni; dobbiamo invece fermare un attimo gli automatismi, e cercare altre soluzioni.

Se le vecchie risposte sono sbagliate è inutile accanirsi nel ripeterle. Eppure è così che facciamo, inconsapevolmente!

> *Tuttavia sapere che vivere ha un senso ed uno scopo, porta necessariamente a stare meglio: abbiamo sempre un motivo per fare quello che stiamo facendo, ed essere dove siamo.*

Questo atteggiamento guarisce tante ferite. Vedendo la vita da questa ottica smettiamo persino di colpevolizzarci per gli errori. Stiamo cercando la strada e qualche volta è normale imboccare quella sbagliata.

Siamo pellegrini e le strade intorno a noi sono tante, quindi non è sempre facile trovare quella giusta. Ti esorto però a cercarla, ma a non demoralizzarti se non sempre riesci a trovarla dopo i primi tentativi.

Il LAAV® è uno strumento che può aiutarti nell'esplorazione del tuo cielo: come un bravo pellegrino guarda le stelle, segui la rotta e la bussola ti indicherà la strada.

2. *Chiedi e ti sarà dato, ma non perderti!*

Abbiamo visto che possono esserci delle difficoltà ad installare la bussola che ti impedirà di smarrirti sul Sentiero.

Innanzitutto è fondamentale:

- sapere cosa vuoi veramente e chiedere che ti venga dato.
- restare focalizzato sul tuo obiettivo.

Il problema molte volte nasce proprio qui, dal disorientamento provocato dal dedalo di strade che ci appaiono dinanzi, così tendiamo a distrarci perdendo tempo ed energie, e sovente anche il conseguimento dell'obiettivo voluto. Ho sempre adorato le favole, ne ho raccontate così tante quando facevo l'insegnante, ed è per questo che ho deciso di prendere in prestito la più popolare per illustrarti un concetto importante.

La storia di Cappuccetto Rosso è secondo me un chiaro esempio di mancanza di focus. Non credere che le favole siano state scritte per i bambini, non è così! Esse racchiudono in un linguaggio simbolico insegnamenti importanti, attraverso il linguaggio dei miti viene spiegata la realtà dell'uomo.

Torniamo a Cappuccetto ed al suo viaggio nel bosco per andare dalla nonna. Potremmo chiederci come mai la sua mamma sia stata così incosciente da mandarla da sola in un luogo pericoloso?

Perché non ci è andata lei?

Oppure perché non sono andate insieme?

Credo che dietro a questi personaggi e alle loro disavventure si possa trovare un'altra chiave di lettura e di interpretazione dei fatti.

Cappuccetto Rosso deve andare dalla nonna che abita dall'altra parte del bosco, dove vive un lupo feroce. La mamma raccomanda alla bambina di non fermarsi per strada, di raggiungere in fretta la casa della nonna, ma soprattutto di non parlare con il lupo.

La bimba promette e si mette in cammino, ma poi cosa succede?

Lo sanno proprio tutti quello che avviene no?

Si mette a raccogliere fiori, a rincorrere le farfalle, perde un sacco di tempo in cose inutili.

Cosa fa?

Si distrae dal suo obiettivo (perde il focus come diremmo oggi) ed incontra il lupo cattivo. Se avesse agito diversamente la storia si sarebbe sicuramente conclusa in altro modo!

Abbiamo tutti una piccola Cappuccetto Rosso che vive in noi. Vogliamo andare da qualche parte, desideriamo ottenere qualcosa, ma poi?

Ci distraiamo, ci perdiamo in azioni futili e senza costrutto, perdiamo di vista il vero obiettivo delle nostre azioni e finiamo per perderci nel bosco; restiamo alla mercè dei tanti lupi cattivi che si sentono dentro: paura, indecisione, sconforto, incertezza, mancanza di autostima e di coraggio...

Prova a considerare la casa della nonna il tuo obiettivo da raggiungere e non perderlo mai di vista, non farti distrarre, non perdere l'orientamento, non fermarti, e vedrai che presto il tuo desiderio sarà lì concretamente davanti a te, e smetterà di essere solo un miraggio.

3. *Credi in quello che vuoi come se lo avessi già davanti a te.*

In questo periodo si parla molto di creazione consapevole, vuoi per i libri che sono usciti, vuoi perché è un argomento così affascinante e produttivo che sono molti coloro che se ne stanno occupando.

Io credo nel potere creativo, credo che siamo noi gli artefici della nostra vita, nel bene e nel male. Mi è costato molto arrivare a questa convinzione, perché la mente conscia fa molta fatica ad accettare una simile affermazione. È molto più comodo sostenere che il fato, il mondo esterno, gli altri... hanno causato tutti i nostri guai e le nostre sofferenze.

Quindi per poter accettare l'idea di una creazione volontaria dobbiamo per prima cosa assumerci la "responsabilità" di ciò che vediamo in noi, dentro e fuori.

La realtà non è altro che lo specchio di chi crediamo di essere, quindi non di chi siamo veramente, perché ci vediamo solamente come una proiezione del nostro mondo interiore.

E qui cosa troviamo?

Di tutto e di più: le paure ad esempio, di cui fanno parte sensi di colpa, limitazioni, credenze, condizionamenti, frustrazioni, senso di impotenza, rifiuto, abbandono, sfiducia, insicurezza ecc. ecc.

È proprio come se ci guardassimo in uno specchio macchiato, dove le macchie che vediamo non ci appartengono, sono solo sullo specchio e non fissate su di noi.

Tuttavia se ci hanno insegnato che noi siamo quelle macchie, quelle imperfezioni, quelle limitazioni, noi ci crediamo fermamente, ci identifichiamo e non riusciamo più ad uscire fuori da quegli SCHEMI.

Accettare di vedere il mondo, la vita e noi stessi da un altro punto di vista fa sì che si smetta di sentirsi vittime e si diventi davvero creatori responsabili.

Quando arriviamo a questa presa di coscienza capiamo facilmente che il vero segreto della vita è credere in noi stessi, credere che tutto sia possibile se inserito nel nostro progetto esistenziale. Questo vuol dire che se voglio diventare milionaria, e mi concentro solo sul denaro, ma non è questa la strada attraverso cui io posso far maturare i miei talenti, allora gli eventi si formuleranno affinché io diventi consapevole della vera ricchezza, in cui far sviluppare ciò che devo compiere.

Affidarsi ad un Bene Superiore è certamente il modo migliore per proseguire con fiducia, chiedere il compimento del Dharma (la Legge Divina) è a mio parere molto rilassante, perché è come se l'Universo ci conducesse alla meta tenendoci per mano.

Questa per me è la FEDE: sapere che Dio si prende cura di me e mi suggerisce abilmente dove devo muovere i miei passi per arrivare a LUI...

Certo non è facile assumersi la responsabilità della creazione consapevole. All'inizio quando se ne sente parlare si ha come un moto di rabbia, si stenta a crederlo. Si pensa che il destino o il fato si delineino davanti a noi, sotto i nostri occhi ignari. Aspettiamo che gli eventi si materializzino sullo schermo della vita.

Come quando guardiamo un film ci sediamo e attendiamo, ma cosa verrà fuori?

Cosa vedranno i nostri occhi?

Un po' come da bambini vivevamo la magia dei racconti e

delle fiabe, oggi che siamo cresciuti aspettiamo il "bel principe" o la "buona fata", ma se le cose fossero davvero un po' diverse?

Il linguaggio dei miti ci parla attraverso simboli che l'inconscio cattura e fa suoi, ma il conscio non comprende appieno ed interpreta con le sue modalità. L'anima gemella ad esempio la cerchiamo in un'altra persona, ci sentiamo principesse da salvare o principi che devono risvegliare la bella addormentata, dimenticando che nel passato i bambini non erano assolutamente considerati e che le storie erano scritte per gli adulti!

Sì, le favole erano destinate ai grandi e parlavano un linguaggio criptato e nascosto affinché solo coloro che erano pronti e aperti potessero capire.

Avviene tutto dentro noi stessi ed il Risveglio riguarda proprio il comprendere le importanti leggi della manifestazione. Se riusciamo a credere nel nostro potere creativo allora diventiamo ad immagine e somiglianza del Divino.

> *Ciò che ci differenzia dalle altre specie è proprio la capacità di trasformare pensieri ed emozioni in Realtà Fisica.*

È importante creare il nostro mondo attraverso questa consapevole convinzione di ciò che è la realtà senza più lasciarci fuorviare da miraggi e apparenze.

Credere in se stessi e nella capacità di dirigerci dove desideriamo deve essere la vera bandiera: questo è l'obiettivo da perseguire.

> *Tutto è già di fronte a noi, infinite possibilità si aprono per noi, cerchiamo quindi di vederle con l'immaginazione, diamo loro corpo attraverso l'intenzione e l'allineamento di buone emozioni e pensieri positivi!*

Le emozioni sono il vero carburante, la forza propulsiva che inserita nel motore della mente ci permette di ottenere ciò che vogliamo.

Come ti senti?

Che stato d'animo stai provando?

Le sensazioni che vivi adesso sono il riflesso esatto della tua impronta nel Piano Creativo.

Cambia la tua vibrazione ed avrai un'altra impronta.

Anche se può essere difficile, conviene provarci, piuttosto che sia l'inconsapevolezza a tracciare i tuoi traguardi.

I nostri desideri sono già pronti per essere realizzati, devono solo discendere da un altro Piano, dopodiché li potremo finalmente vedere con questi sensi così ingannevoli e limitati, che rappresentano però il nostro corredo finché viviamo sul pianeta terra.

Non voglio togliere nulla ai vari libri e ai DVD inerenti l'argomento della immaginazione creativa e al suo segreto, molti di essi sono sicuramente ben fatti, ed hanno avuto il grande merito e la capacità mediatica di trasportare un concetto importante come la creazione consapevole al grande pubblico.

Tuttavia ritengo che le basi su cui è fondata la teoria della manifestazione siano un po' troppo semplicistiche e riduttive rispetto a quello che è il "vero processo creativo".

Intendo dire che non è sufficiente solo pensare a... come se fosse già qui, per ottenerlo. La questione è un tantino più articolata.

È necessario un **costante processo interiore di allineamento** con le energie tra ciò che si vuole, crederlo possibile, sentirsene degni, meritevoli ecc. e continuare a **nutrire ener-**

geticamente i propri obiettivi attraverso **la forza, la fiducia, la coerenza, la costanza, la volontà.**

Siamo gli artefici della nostra esistenza eppure i più grandi paletti davanti ce li mettiamo da soli, rimanendo imprigionati negli stessi giri viziosi per anni, continuando a non vivere bene.

Tante volte censuriamo i nostri sogni perché c'è una forte inversione tra ciò che vogliamo e ciò che crediamo giusto e realistico per noi e così ci boicottiamo, ottenendo proprio quel che non volevamo!

> *È fondamentale renderci conto che possiamo cambiare i risultati solamente modificando le aspettative.*

Quando si smette di sognare, la realtà diventa un enorme tavolo vuoto. I sogni e gli obiettivi da raggiungere forniscono una linea guida ai nostri passi. Tu cosa desideri?

Un'enorme tavola imbandita, oppure ti accontenti di ricevere qualche briciola ogni tanto?

Vuoi mendicare o preferisci servirti a piene mani di ciò che ti piace?

La scelta è solo e sempre tua!

4. *Stai attento ai segnali che la vita ti offre per orientarti sul giusto cammino: i conflitti.*

La vita dà sempre degli avvertimenti quando si naviga fuori rotta. Una specie di radar interno ci indica dove siamo, segnali luminosi rivelano la direzione.

Quando facciamo domande la vita risponde, nel senso che ad ogni causa fa seguito un determinato effetto, ed è questo che permette di allinearsi con i nostri veri obiettivi.

Tutto nasce da una crisi, parola che in cinese ha due differenti significati: crisi e opportunità. Credo che ogni conflitto sia davvero un'occasione per guardarsi meglio dentro, e più in profondità.

Ad esempio quando si fanno le pulizie generali in casa cosa succede?

Si rivolta tutto, si buttano via le cose inutili e si mette in ordine.

C'è sempre un motivo per cui si procede a fare questa operazione: necessità di maggiore spazio, bisogno di sconfiggere il disordine ed il caos...

Tuttavia guardarsi dentro e mettere ordine costa fatica e richiede molta energia. A volte, si preferisce rimanere nell'inconsapevolezza e nel dolore che già conosciamo, piuttosto che rivoltarsi dentro e rischiare di cambiare qualcosa.

I traslochi sono sempre impegnativi!

Immagina di poter cambiare in meglio la tua vita, sotto tutti gli aspetti: faresti un trasloco per andare ad abitare in un posto migliore? Sì?

Mi piace usare immagini metaforiche perché credo che diano bene l'idea di ciò che si nasconde dietro ad atteggiamenti e stati d'animo.

Ebbene, è più facile accettare di affrontare un grande cambiamento esterno piuttosto che rischiare di toccare interiormente vecchi armadi tarlati.

In questo caso specifico l'esempio del trasloco rivela molto bene la faccia della pigrizia, quella del non fare.

Siamo tutti così in fondo, è tanto comodo lamentarci di

quello che non piace.

Tuttavia appena si preannuncia un piccola possibilità di stare meglio, si tentenna, si ritorna al coperto, nel dolce comfort della nostra tana che, seppur impolverata e fatiscente, rimane un luogo conosciuto e quindi a suo modo sicuro.

> *Eppure i conflitti nascono proprio per portare allo scoperto le cose che non vanno bene, che hanno stufato o deluso.*

La vita orienta sempre i nostri passi sul giusto cammino: a noi la scelta di invertire la rotta verso lidi migliori, oppure restare a sguazzare nel solito acquitrino.

5) *Sii grato!*

La gratitudine è senza dubbio un ingrediente alchemico importantissimo nel percorso verso se stessi.

Ho introdotto questo tema nel punto in cui parlavo dei "semi di luce".

La gratitudine può essere già presente in noi come aspetto caratteriale consolidato, oppure si può apprendere.

Questo vuol dire che se non si riesce immediatamente ad essere riconoscenti alla vita per i suoi immensi doni, si può tuttavia iniziare a coltivare questa ottima disposizione d'animo.

Si può sempre imparare, non è mai tropo tardi!

Ci sono delle persone ad esempio, che credono nella vita sia loro tutto dovuto, ed entrano con prepotenza nella vita altrui, qualche volta senza neppure essere stati invitati, e obbligano ad accettare le loro regole: si sentono "superiori" e dettano legge.

Ci sono altre persone invece, che non osano aprire bocca,

quasi volessero scusarsi di essere al mondo, perché si sentono "inferiori".

La strada della gratitudine vuole essere la terza via, quella del sentirsi "uguali" .

Non è giusto sentirsi più di un altro, ma neppure di meno.

Solamente sentendosi uguali, alla pari, si possono raccogliere con riconoscenza i frutti della vita; si riescono ad apprezzare le piccole cose, si può vedere con occhi nuovi la realtà intorno, perché quella interiore è pronta a ricevere.

Non si può dare e ricevere correttamente se non si impara questa importante lezione.

Chi è capace solo a prendere non riuscirà a dare e sarà sempre povero; chi invece è capace solo a dare non saprà mai ricevere, e rimarrà povero.

> *Il giusto equilibrio delle parti, in una sorta di bilancia energetica, prevede che debbano essere richieste entrambe le capacità per avere la vera ricchezza.*

Essere ricchi vuol dire questo: imparare a dare e ricevere in ugual misura. Non riconoscere quello che la vita dona giornalmente determina sostanzialmente una condizione di debito verso l'Universo.

Dare è la matrice per ricevere, il che significa questo: la gratitudine è moneta sonante a livello energetico, irradia vibrazioni che attrarranno obbligatoriamente vibrazioni di pari valore.

Il vuoto non esiste nell'Universo, perciò ogni volta che esprimerai gratitudine stai certo che verrai ampiamente ricompensato.

Non è possibile che rimangano vuoti in sospeso.

Cerca in questo momento un motivo per cui essere grato!

Fatto?

Ora ti dirò il mio...

Sono immensamente grata per l'opportunità che ho avuto di condividere con te il mio pensiero attraverso questo libro.

6. *Non prenderti troppo sul serio: ricorda che la vita è un grande gioco.*

I problemi degli uomini forse nascono proprio dall'atteggiamento serio ed impettito con cui prendono la vita.

Finché si è bambini tutto scorre con naturalezza, le cose semplicemente accadono e si vive il momento presente con forza ed incisività. Un bambino quando fa i capricci esprime con tutto se stesso il proprio disappunto. Tutto viene vissuto nella sua interezza, senza filtri o controlli. Crescendo si impara gradualmente ad esercitare su se stessi una forma di autocensura, questo è positivo da una parte (immaginiamo cosa succederebbe se ci abbandonassimo alle emozioni più sfrenate) e negativo dall'altra. Diventare adulti viene pagato a caro prezzo in termini di perdita di naturalezza, autenticità, e acquisizione di chiusura, blocchi e rigidità. Questo atteggiamento da grandi provoca dentro un mare di problemi perché genera conflitti. Abbiamo ancora voglia di giocare, ma è come se una vocina interiore ce lo impedisse: "Cosa fai? Sei grande per fare ancora certe cose!".

"Non puoi lasciarti andare, suvvia contieniti, la gente cosa dirà di te?".

Abbandonare la gioia di fare le cose con entusiasmo e spontaneità determina l'invecchiamento del nostro cervello, diventiamo vecchi quando smettiamo di divertirci!

Perché secondo te si ringiovanisce quando arriva un bambino in casa?

Perché la sua energia è fresca ed ancora incontaminata, essa ci nutre e ci riporta indietro, ai tempi in cui tutto era ancora possibile e vero. I bimbi sono ingenui e spontanei, hanno fantasia, sanno ancora immaginare, per loro una scopa diventa un cavallo, un bottone si trasforma in cento altre cose.

Se imparassimo da loro?

Potremmo diventare facilmente ricchi, bellissimi, pieni d'amore, avremmo davvero tutto. I bambini sanno come fare per realizzare i loro sogni, ma sono piccoli e non possono ancora farlo.

Gli adulti che ne hanno i mezzi non sanno più come si fa, non lo ricordano più.

Conciliare le due parti, avvicinare il bambino di allora con l'uomo di oggi permetterebbe di vivere una vita diversa, più vera, completa e magica.

Prova a rivedere per un istante la tua vita con gli occhi di un tempo, risenti la gioia di fare qualcosa che ti piaceva. Contatta le forze sopite in te che aspettano di risvegliarsi: lascia spazio alla fantasia e crea il tuo mondo.

Potrai scoprire autentiche meraviglie!

7. *Ricerca i semi di Luce*

Sono certa che adesso che hai iniziato questo viaggio dentro te stesso saprai riconoscere questi segni del cielo, che vogliono indicarti la strada e farti sapere che non sei solo.

La cosa davvero importante è sentire che la tua vita non è mai lasciata in balia delle correnti.

Vedere i Semi di Luce, riconoscerli e provare gratitudine per la loro presenza nella tua vita è determinante per una nuova esistenza, più serena e fiduciosa.

Capitolo 7

Diventare cocreatori

In questo libro ho voluto trasferire quelli che sono i principi della mia filosofia di vita e le mie conoscenze, esprimendo come sento e comunico con una Realtà così sottile, ma tanto intensa e perfetta.

Tratto fondamentalmente di benessere, armonia, abbondanza, perché raggiungere questi traguardi permette di conquistare il vero potere interiore.

Io credo si possa arrivare a questi risultati attraverso la conoscenza delle Leggi Spirituali, attraverso l'energia che costituisce la nostra Realtà, ma soprattutto attraverso l'Amore per la vita, per noi stessi, per il prossimo e per il Tutto.

> *Per avere una vita serena e realizzata è determinante potere ritrovare se stessi ed il senso del nostro vivere qui ed ora.*
> *Benessere, armonia e abbondanza devono essere il fine ed il mezzo per la felicità.*

Questo cosa vuol dire?

Potrò avere benessere se vibro su questa frequenza, avrò amore se vibro nella frequenza corrispondente, sarò piena di abbondanza se le mie vibrazioni risuonano sulla giusta frequenza.

Sì, è davvero tutta una questione di vibrazioni e frequenze.

L'essere riuscita a sentire questa strada, fino alla realizzazione del LAAV®, è stato il percorso che mi ha condotta fin qui.

Il mio obiettivo è di insegnare alle persone come sia possibile entrare in contatto con le proprie parti sottili, e ricevere risposte.

È tutta una questione di esercizio, di ascolto, di pazienza, di costante volontà di "sentire" attraverso organi di senso non ancora così conosciuti ed affinati.

Tuttavia si possono esercitare e sviluppare quei recettori sottili e delicati che tutti possediamo.

Dopo la lettura del libro sarai già in grado di utilizzarli in una certa misura, ma se sentirai di voler approfondire il discorso, sappi che avere l'ATTIVAZIONE della parte luminosa dei tuoi organi di senso ti permetterà di sviluppare le facoltà nascoste in te, portando alla Luce talenti e capacità che stanno ancora sonnecchiando.

Le facoltà dell'uomo sono infinite, solo che stanno ancora dormendo!

Il mio compito è di informare e aiutare chi è già pronto a impossessarsi di ciò che fa parte del naturale bagaglio del DNA spirituale umano.

Credo che se tutti sapessimo leggerci dentro con Amore e rispetto, con considerazione e compassione, molte cose nel mondo cambierebbero.

Questo percorso vuole essere una proposta per coloro che si sentono molto di più che esseri di carne ed ossa, e vogliono risvegliare le proprie sensibilità nascoste perché sentono di volersi identificare con la propria parte spirituale.

Il mio progetto è per coloro che desiderano prendere contatto con il Sé Superiore per poter guidare la propria vita verso il vero successo personale.

Esso si ottiene quando la vita prende la direzione voluta, quando si sa dove si vuole andare avendo gli strumenti migliori a disposizione affinché la "traversata" sia confortevole e sicura.

Occorre però imparare a creare consapevolmente la propria Realtà.

Creazione Consapevole

Per insegnare a realizzare i propri obiettivi ho maturato il "Percorso delle quattro A" che mira a creare in modo consapevole attraverso i seguenti quattro prerequisiti:

ATTENZIONE – ALLINEAMENTO – AZIONE – ATTESA

Essi sono i quattro pilastri che supportano la manifestazione fisica. Dal piano sottile, impalpabile e senza forma, si scende verso il manifesto, concreto, stabile, visibile.

I pilastri sono collegati al quadrato, simbolo che rende bene l'idea della realtà fisica, con i suoi quattro angoli, una struttura solida, equilibrata, forte. Soddisfare i quattro prerequisiti porta in modo semplice e naturale alla concretizzazione fisica basando il proprio agire su questi quattro punti.

Essi sono gli elementi necessari per avere le condizioni migliori affinché la creazione consapevole abbia luogo, affinché la manifestazione sia puntellata con elementi forti e costruttivi.

Il pensiero è, come tutti ormai hanno accettato, energia in

movimento.

I pensieri appartengono ad una realtà diversa da quella che vediamo solo perché esistono ad una differente frequenza vibrazionale.

Questo è certamente un bene per noi, vista la profonda difficoltà che l'uomo ha di controllare e dominare la propria mente.

Tutti di certo abbiamo ospitato pensieri ed idee la cui manifestazione istantanea sarebbe stata decisamente tragica o controproducente!

Esiste perciò un certo lasso di tempo da quando si formulano delle idee a quando si concretizzano.

Per questo è fondamentale portare l'ATTENZIONE a ciò che si pensa, perché proprio questo si richiama, si attrae.

È necessario perciò pensare solo a ciò che si desidera veramente, e non soffermarsi su ciò che non si vuole che capiti.

Occorre che i pensieri siano frequenti e costanti, perciò è basilare coltivare idee positive, oppure grandi o piccoli sogni, a cui dedicare molte ATTENZIONI!

Perché il simile attrae il suo simile, quindi vibrazioni sulla stessa frequenza si uniscono e generano una "formapensiero" che è il substrato della piena realizzazione fisica.

Si potrebbe affermare che i pensieri esistono in quello che Platone definì il "mondo delle idee", dove tutto è:

Potenziale in attesa di essere Manifesto.

Qui siamo sul piano "Dove tutto è possibile", in cui la condizione unica e sovrana è la capacità di immaginare.

Tutto quello che è nato e presente nel nostro mondo è stato prima immaginato, pensato ed infine concretizzato.

Quello che un uomo pensa e crea in questo piano diviene successivamente a disposizione della collettività, teoria che si ricollega ai Campi Morfici, alla Akasha e all'Inconscio Collettivo.

Si vive un buon ALLINEAMENTO quando si agisce in conformità a ciò che si crede possibile realizzare, e c'è quindi una "vibrazione armonica" che ci dirige verso ciò che si vuole.

L'AZIONE è il carburante che avvicina alla piena realizzazione degli obiettivi, oppure ci allontana...Tutto dipende dalle scelte che facciamo!

L'ALLINEAMENTO è la direzione verso cui ci dirigiamo e l'AZIONE è l'energia che ci permette di andare avanti, indietro, oppure di fermarci.

Il quarto tassello è l'ATTESA, la parte più delicata dell'intero processo.

Il tutto poi deve essere condito con fiducia, speranza, determinazione, volontà, costanza, avendo la certezza assoluta che si riceverà davvero quello che le nostre vibrazioni hanno richiesto, e richiamato.

Per questo è fondamentale avere sempre presenti i quattro pilastri a cui destinare focus ed energia per concretizzare i propri obiettivi, trasformando l'energia sottile in energia pesante.

La Legge di Attrazione è una LEGGE FISICA!

Parto dal presupposto che avvenga tutto dentro noi stessi: il mondo fenomenico è la risultante di quello interiore, ovvero la realtà è un puro e semplice specchio di ciò che si muove dentro. Le esperienze mi hanno portata a questa nuova convinzione e ad assumermi la piena responsabilità di ciò che sperimento, e vivere la vita da protagonisti anziché da gregari rende tutto più semplice e chiaro. La vocina che ogni tanto si sente e che fa sentire impotenti o non all'altezza della situazione, è solo una convinzione limitante che impedisce il raggiungimento dei propri obiettivi.

Bisogna chiedersi innanzitutto perché parla? Su cosa vuole portare a riflettere?

Ho una visione globale della vita, non mi piace separare corpo, psiche, anima e li tratto sempre in modo unitario.

Ho una visione olistica e con questo spirito do la mia interpretazione sulla credenze limitanti.

Molte volte si vuole qualcosa, ma nello stesso tempo se ne ha paura, perché potrebbero cambiare delle cose nella nostra vita.

Una vocina dentro ci mette in guardia e dice: "Guarda che potresti soffrire con questo cambiamento."

"Potresti perdere delle cose importanti e poi dove vuoi andare, è pericoloso lasciare il certo per l'incerto" .

Qui viene fuori il nostro bambino interiore che crede di non potercela fare.

Così si pensa davvero di non essere capaci di sfidare le nostre paure e rimaniamo fermi dove siamo.

Tutto avviene per stimolare la nostra evoluzione spirituale, perché non siamo qui per caso, dobbiamo liberarci dalle zavorre che ci hanno reso pesante il cammino fin qui. Ogni esperienza è una lezione che ci permette di integrare ciò che non abbiamo assimilato nel passato. Le esperienze che abbiamo visto ripetersi sono proprio le lezioni che non abbiamo ancora saputo integrare in noi.

Il lavoro energetico è una possibilità olistica di riunire le parti e portare allineamento e coerenza tra ciò che siamo e ciò che abbiamo. Allineamento significa coerenza tra queste due parti.

Ad un certo punto della mia vita ho creduto di essere cresciuta e di poter realizzare i miei sogni, ho sentito che ne ero capace, ho parlato alla mia bambina interiore e l'ho ringraziata per i suoi avvertimenti, le ho detto che ero diventata grande senza più paura di stare in casa da sola, o di uscire per le strade del mondo.

L'attenzione

Cosa intendo per attenzione? Potrebbe essere intesa solo come focus sugli obiettivi da voler conquistare a tutti i costi. In realtà non è solo questo, ma qualcosa di più.

Per attenzione intendo un monitoraggio continuo dei propri stati d'animo, per poter prontamente valutare senza giudizio il nostro mondo interiore.

Quando sappiamo di essere rimproverati o puniti adottiamo (perché appresa da piccoli) la strategia del non ammettere, del non riconoscere di aver sbagliato. Questo atteggiamento si è radicato così tanto in noi da finire per essere adottato come schema fisso di reazione agli eventi.

Vogliamo avere sempre ragione, non sopportiamo i fallimenti, le sconfitte e gli errori, vogliamo essere perfetti, e vincere sempre a qualunque costo.

Per paura di essere rifiutati, abbandonati, giudicati cerchiamo scuse, oppure cadiamo nella trappola dei sensi di colpa e dell'espiazione a tutti i costi.

Tutto questo fa parte di uno scomodo bagaglio da portare con sé; eppure è necessario calibrare le risposte e le reazioni al mondo esterno. Come fare allora?

Occorre intervenire con l'unica soluzione possibile, l'amore.

Quando capiamo che stiamo vivendo per imparare, ed è naturale e lecito sbagliare, riusciamo ad accettare di poter dare anche soluzioni non idonee ai desideri altrui.

Cosa è necessario ascoltare per essere certi di fare la cosa gusta?

Sentirsi dentro, entrare in contatto con l'anima, ovvero la coscienza, che ci dirà chiaramente se siamo in una giusta risonanza oppure no!

Quando le sensazioni ricevute sono positive, quando stiamo bene dentro, allora possiamo essere certi di stare facendo la cosa giusta.

È possibile applicare questo modello però solo quando si è già in grado di conoscere la propria anima senza più subire interferenze, o schermature di paura o ego.

È per questo che il cammino spirituale è l'unica strada verso la propria realizzazione personale.

Credo tuttavia che se siamo sereni allora tutto il nostro essere ce lo confermerà. Avremo un corpo sano, una mente distesa e rilassata ed un anima felice.

Può sembrare un'utopia, ma non lo è.

Basta solo iniziare da un piccolo passo: guardarsi e analizzare il proprio stato di salute e di vita. Se stiamo bene, se ci sentiamo realizzati e gioiosi allora stiamo vivendo felicemente.
Se qualcosa invece non va, allora dobbiamo portare l'attenzione a cosa non funziona ed intervenire per accomodare il tutto.

So perfettamente quanto sia difficile mantenere un sano equilibrio emotivo, ma posso assicurarti che si può cambiare la propria vita iniziando da questo primo passo.

Se stai male è perché stai portando la tua attenzione su qualcosa che ti sta scatenando dolore, perché nella mente c'è posto solo per una sola sensazione per volta: se hai pensieri ed emozioni felici non puoi stare male.

Il punto quindi risiede in ciò che stai pensando, un pensiero triste, doloroso o inquieto produce uno stato d'animo corrispondente.

Ho elaborato il LAAV® proprio per aiutarti ad uscire da stati d'animo non desiderati, sostituendoli con altri più consoni al tuo benessere.

Concludo questo paragrafo ricordandoti che sono i tuoi pensieri a restituirti sempre fedelmente ciò che hai imbucato nella tua "cassetta delle lettere", attraverso stati d'animo relativi.

Tu sei accordato vibrazionalmente?

Questa domanda potrebbe coglierti impreparato. Forse non sai neppure a cosa mi sto riferendo, tuttavia la frase potrebbe averti incuriosito.

Ora ti risponderò. Come ho già scritto più volte **Tutto è**

vibrazione; è attraverso il linguaggio vibrazionale che l'universo si esprime e si forma. Anche noi in quanto figli della Luce Creatrice adoperiamo il codice proprio della Fonte e ci esprimiamo, ci muoviamo attraverso di esso.

I pensieri, le emozioni, le azioni sono vibrazioni, energia in movimento.

Non esiste staticità.

Anche quando dormiamo in realtà siamo in movimento, poiché il cuore continua a pulsare, il sangue a circolare, i polmoni a respirare, e tante altre funzioni continuano a processarsi autonomamente.

Perché siamo vivi 24 ore al giorno!

Questo è il risultato, possiamo esserlo perché ci sono meccanismi di controllo e di approvvigionamento continui ed automatici.

Guai ad esempio se dovessimo ricordarci di respirare in modo conscio, il genere umano si sarebbe già estinto da un pezzo!

Per fortuna ci sono funzioni che avvengano anche a nostra insaputa, parti del corpo fisico, mentale ed emozionale che lavorano incessantemente tutto il giorno, e tutta la notte per noi.

Cosa significa allora la frase del titolo?

Cosa intendo per accordo vibrazionale?

Significa che la parte conscia del cervello è quella che soprassiede alle funzioni pratiche, razionali, analitiche, logiche; mentre la parte subconscia (decisamente molto più vasta della precedente) è quella che gestisce tutto il resto, funzioni vitali automatiche, intuito, memoria, ispirazione, creatività e tanto altro ancora.

Cosa succede quando conscio ed subconscio non sono ALLINEATI?

Disarmonia vibrazionale, ovvero Conflitto.

Siamo esattamente come strumenti musicali che se ben accordati possono dirigere la propria musica interiore con le capacità di un ottimo direttore d'orchestra, ottenendo benessere ed armonia; altrimenti, la cacofonia e il chiacchiericcio interiore avranno sempre il sopravvento.

In questo caso si avvertirà confusione, disorientamento, disorganicità nei pensieri e di conseguenza nella realtà.

Per ACCORDARTI e ALLINEARTI devi utilizzare il pensiero e l'emotività come forze propulsive verso la realizzazione di questo obiettivo: esprimi questa intenzione, entra dentro te stesso e aspetta, potrai avere aiuto attraverso un libro, un amico, un corso...

Nel LAAV® potrai utilizzare le due forze, conscia e subconscia, focalizzate in una direzione comune, utilizzerai così il potere del pensiero e quello della visualizzazione che si alleeranno in una comunione di intenti per rispondere alle tue necessità, ed il tutto sarà condito da pura energia di Luce ed Amore Incondizionato.

Allineamento

Questa è la seconda parte del mio schema di manifestazione, dove è necessario conoscere le energie sottili, oppure le proprie emozioni.

Sappiamo tutti quanto sia fondamentale e complesso il

mondo interiore.

Esso è carico di contenuti emotivi che ci possono portare facilmente dalle stelle alle stalle in un batter baleno.

Sentirsi dentro non è facile, esistono tuttavia molte tecniche che possono aiutarti a farlo, il LAAV® ad esempio, la meditazione, oppure Reiki, Shiatzu, Yoga, e tante altre ancora.

Hai solo l'imbarazzo della scelta, stai certo che saprai trovare quella più giusta per te: è tutta una questione di allineamento.

Saprai attrarre nella tua vita la cosa che più si adatta a te, per come sei oggi, in questa condizione particolare che stai vivendo.

Quello che si sente nella parte profonda dell'essere, a livello inconscio tanto per intenderci, farà sempre da ago della bilancia verso l'accadere degli eventi. Se il conscio vuole una cosa, ma nel subconscio abbiamo resistenze o blocchi, ecco che manifesteremo quello che richiede il secondo.

Essere troppo timorosi, indecisi, o imprecisi determina manifestazioni meno incisive, più difficili da concretizzare.

Per questo è fondamentale riuscire ad allineare le proprie richieste, così da potere ottenere con certezza ciò che si desidera.

Credo che solo con un attento controllo degli stati emotivi si possa arrivare a capire cosa ci sia che non fa stare bene.

Le emozioni sono un carburante prezioso, che non deve essere sprecato, l'eccessiva emotività alcune volte porta a fare scelte o ad interpretare gli eventi in modo distorto. Occorre perciò saper riconoscere il disallineamento, che destabilizza e genera sempre confusione. Avere coerenza energetica ed emotiva equivale ad ottenere il successo assicurato del processo creativo.

Azione

Il terzo passo del mio sistema è "l'azione". Infatti non basta far restare gli obiettivi, o i desideri, al mero livello di possibilità, essi possono essere raggiunti solo agendo.

Intendo dire che al pensiero allineato deve sempre succedere il fare, altrimenti si rimane con un pugno di mosche in mano. Nell'universo ci sono infinite possibilità di applicazione, si hanno tantissime carte in mano ad ogni partita, per cui è determinante fare una scelta oculata e poi calare giù la carta giusta.

Lamentarsi e non agire significa restare sempre imprigionati nel solito vecchio ruolo senza far nulla per provare qualcosa di nuovo.

Troppe volte invece le persone preferiscono indugiare nei vecchi schemi di pensiero e di azione perché non sanno che è possibile trasformare la propria vita.

È così solo se lo si vuole ardentemente e si opera attivamente in tal senso.

L'azione deve essere misurata al nuovo processo di consapevolezza.

Solo quando l'anima conosce il suo valore e potere allora si può invertire la rotta e procedere verso nuovi lidi.

La mia vita è la testimonianza diretta che la legge d'attrazione esiste, che l'amore esiste e che è possibile trasformare la propria vita iniziando a trasformare se stessi.

Quello che fa muovere il mondo è da sempre e solo la stessa e unica forza: quella dell'Amore. Se non hai amore nel cuore non puoi vivere felicemente, ma questa sostanza preziosa non devi cercarla fuori di te, bensì al tuo interno: inizia ad amarti ed accettarti incondizionatamente; solo allora potrai amare anche il tuo prossimo. E la vita inizierà a sorriderti e a fornirti tutto quello che chiedi.

Il mio motto è di vivere ogni giorno con il cuore che ride e l'anima che canta. È con questo spirito che sto scrivendo questo libro e mi auguro, ma soprattutto ti auguro di sentire profondamente delle belle sensazioni leggendomi.

L'attesa

Certamente la parte più difficile dell'intero processo creativo è l'ultima: l'attesa.

Perché spesso anche i più costanti e determinati si smontano di fronte a questa fase?

Dal momento in cui lanciamo nella Matrix Divina i nostri pensieri che uniti alle nostre emozioni determineranno cosa vivremo, passerà un certo lasso di tempo prima di poter ricevere i nostri Bonus.

Esistono chiaramente Bonus creativi positivi, neutri e negativi.

Certo le gamme di realizzazione possono essere molto più variegate, ma limitiamoci a queste tre.

Ogni persona, ogni evento, ogni situazione che sperimentiamo nella nostra vita è lì perché l'abbiamo attratta lì. Ovviamente quello che decideremo in merito ad ogni cosa specifica dipenderà solo da noi. Siamo esseri liberi che dispongono del dono più prezioso: il Libero Arbitrio. In nome di questa facoltà siamo molto estesi, in quanto ad ogni causa prima possiamo rispondere con infinite variabili.

A volte ci si chiede: "Se in quella circostanza avessi scelto diversamente, cosa sarebbe adesso la mia vita, chi sarei adesso?"

Ebbene io credo che ognuno di noi abbia sempre fatto l'unica scelta che poteva fare in quel preciso momento, la migliore per quelle che erano le conoscenze e le possibilità del momento.

Certamente col senno del poi tante cose avremmo potuto risparmiarcele, ma tant'è, la consapevolezza non nasce dal niente, deve essere coltivata, e tanto.

Per cui ogni lezione vissuta non fa altro che arricchire il bagaglio spirituale, l'unico corredo di cui disponiamo e che caratterizza la nostra Evoluzione.

Siamo creature e creatori, e queste sono le nostre due caratteristiche più vere.

Partiamo da qui: noi sappiamo creare così come sappiamo respirare. Lo facciamo in modo automatico ed inconscio.

Cosa succede se iniziamo a portare l'attenzione al respiro?

Diventerà più profondo, più pieno, più consapevole.

Cosa succede se iniziamo a portare l'attenzione alle nostre creazioni e alle relative creature?

Diventeremo Esseri Spiritualmente evoluti. Cocreatori con il Divino.

Dal momento in cui la "creazione" ha preso il volo ci vuole del tempo, (che nel mondo spirituale non esiste) prima che diventi "creatura".

Ci vogliono ad esempio nove mesi di gestazione per dare alla Luce un figlio, così per ogni manifestazione occorre il suo tempo perché si formi nel mondo fenomenico.

Dopo aver intrapreso un cammino spirituale in cerca di noi stessi, non allarmiamoci troppo se all'inizio, le cose procedono per un po' sulla vecchia falsa riga.

Quando riceviamo i vecchi Bonus negativi non facciamoci spaventare, perché essi sono ancora il residuato di antiche corrispondenze inconsapevoli.

In certi momenti si deve avere FEDE, in questa fase è determinante non perderla per poter RACCOGLIERE i Bonus positivi che abbiamo seminato sul nostro Sentiero. Fede e Speranza originano la certezza di ciò che otterremo veramente.

Questo è un invito a non demoralizzarti, non scoraggiarti mai ti prego, perché quando meno te lo aspetti vedrai il primo nuovo seme germogliare nel tuo giardino, da quel momento sarà un tripudio di manifestazioni eccezionali all'insegna dell'armonia, dell'abbondanza e dell'amore.

La vera ricchezza è conoscere le Leggi dell'Universo

Sono certa che solo la conoscenza esatta delle leggi Spirituali consente di padroneggiare quelle dell'Universo. Ovvero non c'è separazione tra le due. Esse sono la stessa cosa, seppur definita e spiegata in linguaggi differenti.

L'Atma è l'unica e vera Realtà, declama il mondo dello Spirito e il Dharma è la sua unica Legge. L'energia è l'unica e vera Realtà, dichiara il mondo della fisica subatomica e la legge di causa effetto è la sua unica legge.

Diventare ricchi è possibile solo quando si riesce ad interpretare, gestire e dirigere le **forze** naturalmente presenti in noi.

Il problema deriva dal non avere consapevolmente accesso a questo mondo sottile che ci caratterizza e appartiene intrinsecamente.

Quando la fanno da padrone la paura, la debolezza, il senso di sconfitta o di impotenza è come se il nostro carico energetico fosse intaccato, indebolito e impoverito.

Così diventiamo più poveri, perché più soli, in quanto scollegati dalla Fonte di approvvigionamento primaria.

Essere in contatto con la Fonte significa disporre di una quantità infinita di energie e quindi di possibilità.

Avere paura invece di non farcela, avere dei dubbi o delle incertezze intacca la riserva naturalmente presente in noi e impedisce di andare a ricaricarci di nuove forze.

Quando siamo consapevoli del nostro valore e dei nostri meriti sappiamo chi siamo. Tutto diventa più facile perché il Sé muove le fila della nostra vita e noi possiamo procedere per le strade della vita con determinazione, chiarezza e forza.

Le energie non abbandonano mai coloro che sanno come connettersi con la Fonte Creatrice.

Si diventa davvero ricchi solo quando si possiede l'Amore dell'Universo e l'Amore può essere solo sperimentato. Non serve parlarne o leggerne. L'Amore deve essere vissuto. Deve sentirsi fremere dentro con la sua intensità totale perché incondizionata.

Solo in questo modo si può attingere la vera forza che nasce dal proprio Potere interiore.

La vera ricchezza nasce dalla sapiente coniugazione di due forze naturalmente presenti nell'uomo: dare e ricevere.

Si possiede veramente solo quello che nasce dalla capacità intrinseca di donare con il cuore e di ricevere con gratitudine.

È davvero così difficile aprire la mano per dare?

Sì, se si ha paura di rimanere a mani vuote o se la cosa ci fa sentire un po' più poveri.

Perché costa così tanto essere generosi?

Perché si è abituati a prendere, mentre siamo disposti a dare qualcosa solo quando c'è un tornaconto personale.

Invece, si può essere generosi solo quando si raggiunge la consapevolezza che niente e nessuno ci potrà mai portare via quello che ci appartiene davvero.

Puoi ricevere solo ciò che è già tuo e che quindi puoi donare a tua volta senza paura, senza temere di perderlo.

Per questo i veri ricchi hanno sempre fatto i mecenati, elargendo una parte delle loro ricchezze alle cause che reputavano interessanti, piacevoli, nobili. "Piove sul bagnato", " Soldo fa soldo" sono luoghi comuni che recitano una grande verità: se hai paura di rimanere senza abbondanza non saprai mai elargire con generosità, e non sarai mai veramente ricco!

È proprio l'avarizia ad impedire di ricevere la vera ricchezza.

Cosa vuol dire per te essere ricco?

Di quanto e di che cosa hai bisogno per essere felice?

Attento alla risposta perché è una domanda trabocchetto.

Tu sei ricco? Sai come esserlo?

Vuoi diventare davvero ricco?

Voglio porti alcune riflessioni sul significato della ricchezza.

Innanzitutto cos'è?

È la risposta, la soluzione ai propri bisogni.

Chi è ricco?

Chi può soddisfarli tutti!

Il vero ricco però non deve possedere solo denaro, ma anche e soprattutto salute, amore, benessere spirituale, equilibrio emotivo, solidità affettiva e tante altre cose ancora.

Questo vuol dire che non esiste un solo tipo di ricchezza, ne esistono invece forme molteplici e variegate. Per questo **ognuno di noi ha bisogno del proprio "cocktail della ricchezza" per essere felice.** Basti pensare a quanto siamo diversi caratterialmente, mentalmente, emotivamente, spiritualmente, per capire che ciascuno di noi ha uno standard di ricchezza unico e differente. Per stare bene e sentirsi realizzati, nel "cocktail" devono essere sempre presenti questi **tre ingredienti: benessere, amore, prosperità,** anche se in proporzioni variabili e differenti per ciascuno di noi.

Il benessere però deve essere inteso nella sua totalità: fisico, psicologico e spirituale. L'amore deve essere vissuto nella sua doppia espressione: saperlo donare e saperlo ricevere, avendo il cuore aperto nei due sensi! La prosperità deve essere considerata nei suoi molteplici aspetti: soldi, libertà, tempo libero, interessi...

Voglio farti qualche domanda: Cosa ti renderebbe ricco? La salute? L'anima gemella? Il denaro? Sappi che molte persone continuano a rimanere povere anche se possiedono una parte della torta del benessere, perché **non operano in modo com-**

pleto durante il processo creativo e trascurano la visione olistica dell'essere.

Non si possono escludere gli **ingredienti indispensabili** per la buona riuscita del cocktail, perché in tal caso esso rimarrà sempre un po' amaro, o nauseante, o salato. Com'è il tuo cocktail di oggi? Stai trascurando o evitando uno o più ingredienti indispensabili?

> **Devi lavorare in armonia con le tre parti dell'essere e muoverti focalizzandoti su quello che desideri, senza tralasciare i tre capisaldi della vera ricchezza!**

Capacità della mente

La capacità della mente di adattarsi alle circostanze esterne è stata fondamentale nel percorso evolutivo come specie umana. Senza questa facoltà l'uomo sarebbe rimasto all'età della pietra, non avrebbe potuto imparare dalle esperienze, e avrebbe sempre ripetuto il modello di comportamento dettato dall'istinto.

Quello che ci differenzia dagli animali nella scala evolutiva è la capacità di pensare nuove soluzioni ai problemi adattandoci, e/o adattando le nuove idee ai propri bisogni, ricordandole per poi trasmetterle alle generazioni successive.

La capacità meravigliosa dell'uomo nasce dalla possibilità di creare liberamente il proprio mondo, la realtà in cui vive. Questo ci differenzia dagli animali. Noi possiamo cambiare, possiamo creare! La vita è nelle nostre mani. Possiamo migliorare, crescere sempre un po' di più, evolvere.

Ripetere invece gli stessi schemi di pensiero e di azione non fa altro che rinsaldare automatismi che bloccano e irrigidiscono sempre più la mente ed il cuore. Lo stress è frutto della paura, di fronte ad un pericolo l'animale reagisce in due modi: fugge, oppure si immobilizza. Questi comportamenti sono istantanei ed istintivi, le informazioni di pericolo arrivano al cervello ad una velocità incredibile, e immediatamente arriva la risposta salvavita, aumenta l'adrenalina nel sangue per dare all'animale la spinta per fuggire. Tuttavia in alcuni casi la soluzione più adatta alla sopravvivenza è quella di immobilizzarsi (il topolino finge di essere morto per esempio, paralizzato dalla paura).

L'uomo ha mantenuto queste caratteristiche della specie animale. Di fronte a eventi o situazioni sconosciute ha utilizzato questa capacità, che gli è stata necessaria per poter fuggire di fronte alle bestie feroci, ai nemici, alle calamità naturali...

Di fronte ad uno stimolo nuovo possiamo interpretarlo ancora oggi come un pericolo e fuggire, oppure bloccarci.

Ad esempio quante volte sei fuggito per paura di non sapere come fare? Oppure non hai alzato un dito, o mosso un passo verso una persona, perché la paura di non essere all'altezza ti ha paralizzato? Che tipo sei? Fuggi o ti blocchi di fronte al nuovo? Continui ad adoperare gli stessi automatismi che si sono innestati in te col tempo, oppure hai deciso di cambiare la tua vita, creandola come la vuoi, da uomo libero?

Oltre che fuggire o bloccarsi di fronte al nuovo c'è una terza possibilità, una terza via: quella di andare a vedere cos'è, com'è; senza avere paura di esplorare la novità.

Per cambiare qualcosa nella tua vita, devi cambiare tu in

qualcosa, altrimenti rimarrà sempre tutto uguale.

Per poter scegliere questa strada però occorrono: fiducia, desiderio, curiosità. Senza di essi tutto rimane altrimenti fisso e fermo.

Sono questi gli ingredienti indispensabili che devi avere o cercare se sei stanco del menù di tutti i giorni.

Prova allora a cambiarlo, assaggia nuovi piatti.

Chissà, potrebbero piacerti.

Capitolo 8

L'ego ed i problemi

a) I sensi di colpa

Chi tra noi non convive con i sensi di colpa?

Chi più e chi meno possiede o ha posseduto all'interno del suo sé questi scomodi compagni.

Come ho già detto più volte credo che tutto sia energia, lo è quindi anche il terribile senso di colpa che "attanaglia le viscere".

Convivere con il senso di colpa fa parte del nostro patrimonio giudeo-cristiano; già appena nati lo ereditiamo, ed iniziamo a respirare nella sua morsa.

L'uomo però può imparare solo dalle sue esperienze, sbagliando si impara.

Fa parte del nostro modus operandi correggere il tiro dopo un errore, il paradigma è il seguente:

> *"osserviamo – agiamo – verifichiamo e correggiamo"* in caso di errore.

Tutto quello che abbiamo appreso finora ha sempre seguito questa modalità. Da piccoli ad esempio, tutti abbiamo sbagliato a pronunciare le prime parole, o a camminare, ma abbiamo continuato stoicamente, non ci siamo subito arresi.

Abbiamo tentato, provandoci innumerevoli volte finché non abbiamo ottenuto il risultato desiderato.

Questo è il solo modo per imparare.

Avviene in ogni campo, altrimenti perché si andrebbe a scuola?

Per imparare. Nella mia esperienza di insegnante ho potuto verificare come sia fondamentale l'atteggiamento dell'adulto di fronte ad un errore. Se il bambino è incoraggiato, sostenuto, sollevato dalla paura di fallire, arriverà facilmente e naturalmente ad acquisire nuovi apprendimenti.

Il bambino rassicurato e sostenuto sarà l'adulto che non avrà problemi ad ammettere di aver sbagliato; coronerà con successo i propri obiettivi perché continuerà a provarci, e a riprovarci!

Quante volte invece i bambini di ieri e di oggi sono bloccati dal desiderio di provarci ancora perché hanno paura di fallire?

> *Uno sbaglio viene letto come una mancanza di valore personale, ci si sente immeritevoli e sbagliati.*

Abbiamo tutti bisogno di gratificazioni e apprezzamenti, e così preferiamo giustificare i nostri errori coprendoli sotto uno strato di sabbia. Per paura di valere di meno facciamo finta di non vederli, o meglio continuiamo a riviverli in modo distorto, non a fuoco.

> *Perché se gli errori sono presenti in noi e non vengono correttamente metabolizzati, verranno sempre alla luce.*

Li rivedremo proprio attraverso i sensi di colpa, che fanno nascere in noi una energia terribile: il RIMORSO. Questa parola è significativa, significa “continuare a mordersi dentro”.

Può essere letale!

Guarire dal rimorso e dai sensi di colpa è possibile, la dimostrazione viene dal fatto che altri ci sono riusciti. Ciò che un altro essere umano ha già raggiunto è la prova tangibile che la cosa è possibile e può essere ripetuta da chiunque.

Esistono due paroline magiche per ottenere l’affrancamento dai sensi di colpa: la prima è *accettazione*, la seconda è *perdono.*

Accettazione e Perdono

Accettare e perdonare sono la soluzione ai sensi di colpa?

Credo di si!

> *Penso che soltanto abbandonando le catene che tengono legati al dolore si possa essere veramente liberi.*

Convivere con il peso del rimorso e del risentimento non fa altro che acutizzare lo stesso male dentro.

Non si riesce a guarire, perché si continua a portarsi dietro una zavorra pesante che impedisce di guardare verso l’altro, e di “volare con l’anima”.

Rimorso e risentimento sono due stati d’animo che chiudono in gabbia, perché impediscono di dimenticare e di andare oltre.

Fanno sì che si continui a pestare e rimescolare nello stesso mortaio il proprio dolore.

> *È determinante dove viene focalizzata l’attenzione!*

Se lo sguardo è rivolto verso il basso si vedrà sempre e solo fango, se gli occhi sono rivolti verso alto si vedranno le stelle.

Come sempre è facile dare colpe, atteggiarsi a giudici di noi stessi e degli altri.

Credere che uno sbaglio sia imperdonabile è garanzia sicura di vivere con una falla a bordo.

L'energia vitale si disperde facilmente, e non si riescono più a trovare serenità, pace: l'anima soffre ed il corpo è stretto in una morsa di dolore.

Non è certo facile accettare quegli eventi che possono sembrare non giusti, contrari ad ogni logica o umanità. In certi casi il dolore è straziante e lascia senza fiato, ci si chiede perché è successo? Perché a me?

Eppure c'è sempre un motivo per cui ogni cosa accade.

NULLA È MAI LASCIATO AL CASO!

Questo concetto può essere accettato però solo se smettiamo di identificarci con l'essere fisico e mentale che ci rappresenta in questa dimensione.

Oltre il corpo e la mente c'è molto di più.

Siamo esseri spirituali che stanno facendo un'esperienza terrena, solo nella materia possiamo crescere ed evolvere perché su questo piano siamo limitati, ignari e inconsapevoli.

In questa palestra fisica possiamo apprendere attraverso le esperienze e gli errori. Per evolvere l'uomo deve imparare dai propri sbagli per poter salire verso l'alto, e tornare all'UNO.

Le nostre singole parti devono potersi trasformare per fondersi con la Mente Suprema, e *molte volte è il dolore ad operare quei cambiamenti importanti che delineano un nuovo assetto di vita.*

Per scoprire chi siamo veramente dobbiamo affidarci ad

una Guida Superiore: il nostro Sé che è pura Luce, Pace, Gioia, e Amore. Siamo Esseri Divini in cui l'Amore incondizionato riempie e nutre le nostre vite, tuttavia nascendo lo abbiamo dimenticato.

Abbiamo un Infinito POTERE INTERIORE, ma abbiamo scordato come utilizzarlo.

Siamo come degli smemorati che hanno dimenticato la vera identità e la via di casa, e così viviamo come naufraghi!

Ma ad un certo punto qualcosa accade ed inizia la ricerca, capita sempre così.

E tu che stai leggendo queste parole adesso non sei qui "per caso". Sei approdato sul Sentiero dell'Anima perché la tua energia ha sentito e riconosciuto queste vibrazioni sottili che ci collegano gli uni agli altri: stai risuonando su queste corde.

Con la parola ACCETTAZIONE intendo riconoscere il Fine Superiore che guida le nostre vite e quelle di coloro che ci stanno accanto, attraverso un Mirabile Disegno.

Qualunque cosa sia avvenuta nelle nostre esistenze fa parte del Progetto Divino per aiutarci ad ascendere ad un nuovo livello di comprensione.

È la "consapevolezza" l'intelligenza che muove i nostri passi e ci conduce dove dobbiamo e possiamo imparare le lezioni necessarie per crescere. Ogni avvenimento fa parte del Piano Supremo che mira a riportare l'umanità all'Unità, alla Fusione con il Tutto. Accettare la perfezione di questo Progetto Divino è la base per iniziare a vivere meglio, ed essere più consapevoli.

Il senso di peccato e di espiazione con cui conviviamo può essere superato solo attraverso la strada del vero perdono.

Cos'è il vero perdono?

Molte volte si sente dire "Ho perdonato, ma questa cosa la ricorderò per tutta la vita! Non la posso dimenticare."

Che senso ha allora perdonare se non si riesce a dimenticare?

Il contrario di lasciare andare è trattenere, ma rammentare i torti subiti fa sì che le cose si ram-mentino, si riportino costantemente all'attenzione della mente.

> *Tutto quello che entra nella mente sotto forma di pensiero rimane vivo in noi come se fosse appena successo.*

È una questione organica, perché il nostro cervello è programmato in questo modo: quello che si pensa determina l'associazione con la sensazione provata in passato, e vengono immediatamente rilasciate delle sostanze chimiche che ci fanno RISENTIRE esattamente come allora.

> *I Pensieri determinano la natura del nostro essere, pensieri tristi richiamano sensazioni tristi, pensieri di pace ci fanno sentire in pace.*

Ecco perché è fondamentale perdonare!

Perdonare significa guarire, mettere fine al dolore causato dalla ripetizione ossessiva degli stessi schemi mentali che determinano la nostra schiavitù con il dolore.

Si è molto più schiavi di quel che sembri!

> *Perché essere prigionieri di se stessi non permette di concepire nemmeno la possibilità di evadere.*

Questo è il dramma più GRANDE: non capire di essere incatenati fa procedere con queste zavorre, che limitano e condizionano la nostra intera esistenza.

Perdonare qualche volta è un atto eroico, perché può costare molto sacrificio, tuttavia è l'unica soluzione per andare avanti vivendo come esseri liberi.

Il primo atto di perdono però deve essere rivolto a noi stessi, perché senza questa compassione *per i nostri errori* non potremo mai compatire e perdonare il prossimo.

Esegui un rituale di perdono (quello che troverai più avanti, oppure un altro che ti piaccia) e sarai più leggero dopo, credimi!

La vera pace deve nascere dentro, perché fino ad allora il peso dei conflitti ti farà sentire in guerra, ed è nel tuo mondo interiore che vivi 24 ore al giorno: se sei nel caos e nel dolore questo può risultare un vero inferno.

Concludo questo breve excursus nel dolore causato dai sensi di colpa, sapendo che questo tema non si può affrontare in così poche pagine. Il mio obiettivo è solo quello di fornirti strumenti di analisi e riflessione per portarti a vedere la realtà da altri punti di vista.

Sono certa che saprai allargare la visuale cogliendo attorno a te altri materiali utili alla tua crescita consapevole.

Non è possibile offrirti in questo libro tutte le soluzioni e le risposte che vorrei, desidero però aprirti le porte della curiosa intraprendenza, che può farti decollare per andare sempre più in alto e lontano con la mente, e con l'anima.

Un rituale di perdono

Siediti davanti ad un foglio bianco, accendi una candela e brucia un bastoncino d'incenso se ti piace, prendi un respiro profondo ed inizia a lasciare entrare i pensieri come se fossero degli ospiti attesi. Pensando alla situazione sulla quale vuoi lavorare, sentirai in corpo il dolore del rimorso o del risentimento, del senso di colpa o del rancore. Non serve a nulla continuare a vivere così ed ora sei pronto a deporre l'ascia di guerra. Finalmente dopo tanto tempo senti che è arrivato il momento... della PACE.

Scrivi sul foglio bianco il nome della persona che vuoi perdonare o da cui vuoi ricevere il perdono nella prima riga in centro. Sotto inizia a scrivere tutto quello che ti viene in mente.

Tutto, proprio tutto!

Non fare censure, omissioni o tagli; sii aperto e schietto, te lo puoi permettere e te lo devi consentire. Non controllare sintassi ed ortografia perché questa lettera non dovrai neppure rileggerla se non te la senti, perché deve nascere e morire senza essere spedita. Non hai bisogno di giustificarti, o trovare scuse: esprimi unicamente quello che ti viene da dentro. Lascia che parli l'Anima e che possa il tuo ego liberarsi e mondarsi da ogni sofferenza. Puoi scrivere tutto quello che ti passa per la testa, ed esprimere ancora per l'ultima volta i tuoi stati d'animo dolorosi.

Scrivi fino a ché senti che non hai più nulla da dire a proposito. Sentiti svuotato da ogni pensiero relativo a quella situazione, fino a ché hai finito la lettera.

A quel punto prendi il foglio e arrotolalo come se fosse una pergamena, chiudilo con un laccio o un nastrino. Per 21 giorni prendi il tuo atto di perdono e portalo ancora arrotolato, sul cuore e ripeti a voce alta le seguenti parole:

"Io... perdono te..., da oggi mi libero e ti libero dal mio dolore. Sciolgo questo legame tra di noi e d'ora innanzi sei libero di vivere senza i miei pesi ed io sono libero di vivere senza i tuoi. Invoco la Benedizione di Dio su di noi e su questo gesto di perdono in nome della LUCE e dell'AMORE DIVINO".

Dopo 21 giorni sciogli il legaccio attorno al foglio, prendi il tuo atto di perdono portalo sul cuore ripeti per l'ultima volta le parole del rituale e brucia il foglio insieme al cordino.

Ti sentirai di sicuro più leggero dopo!

b) Andare in crisi

Quando è che si va in crisi? Quando le cose sembra non stiano andando nel verso giusto, e magari ci capitano eventi negativi o sperimentiamo degli stati d'animo che ci fanno soffrire.

A quel punto entriamo in crisi!

Essa porta necessariamente dolore, perché?

Perché solo con il dolore abbiamo uno stimolo forte a cambiare qualcosa nella nostra vita.

Finché tutto va bene, nel tran tran quotidiano nessuno si sognerebbe mai di muovere un dito.

Eppure non siamo in questa vita solo per il gusto di lasciarci vivere. Il punto è proprio questo, non si può dare al destino o al fato il compito di snocciolare gli eventi che ci capiteranno. Siamo noi gli artefici della nostra esistenza qui ed ora, e questo per fortuna sono già in molti a crederlo. Avere questa certezza è si rassicurante ma alcune volte può spaventare.

Cosa succede allora se si va un po' giù di carreggiata e si riprovano le antiche sensazioni del passato che stiamo cercando di lasciarci alle spalle?

La crisi può forse vanificare tutto o una parte del lavoro di consapevolezza già svolto? Assolutamente no!

Tutto è sempre PERFETTO, anche quando un forte spintone ci devia un po' dal sentiero intrapreso, e magari ci fa rimanere per un po' senza fiato.

Cosa fare allora? Prendi un respiro profondo e attaccati alle tue convinzioni potenzianti (quelle che ti fanno stare bene e ti danno forza) oppure segui una persona che senti possa aiutarti a risalire la china.

E vai avanti senza guardare mai indietro.

Tutto quello che raccogli sul Sentiero è tuo e ti appartiene nel bene come nel male per farti crescere, e non puoi mai smettere di farlo! Cresciamo e ci evolviamo ogni giorno un po' di più, anche quando non ci sembra vero o addirittura crediamo di esserci fermati, o peggio ritornati indietro.

> *Ogni giorno vuole solo essere vissuto, per questo ti invito a portare attenzione a quello che provi, e a farlo costantemente.*

Non sprecare il tuo tempo, agisci!

E non aver paura di fare la sola cosa per la quale sei nato: vivere esprimendo te stesso fino in fondo autenticamente e liberamente.

Solamente le paure possono in qualche modo rallentare il tuo procedere, paura di fallire, paura di non essere meritevole o all'altezza dei tuoi obiettivi.

Tuttavia se il tuo progetto è sentito in modo forte e pressante avrai dalla tua una grande forza capace di smuovere le montagne.

Solo se il tuo desiderio sarà più forte della paura avrai successo.

Questo è l'augurio che rivolgo a me stessa e a tutti, che la consapevolezza e la Luce possano essere sempre il nostro Faro, per dirigere i nostri passi sulle strade migliori, per farci fare le scelte più giuste e per il nostro massimo bene.

Che le crisi, quando sopraggiungono, non abbiano abbastanza potere da farci desistere dal coltivare i nostri propositi di Benessere, Amore e Abbondanza!

La forza dell'Amore

Io credo nell'Amore, ci ho sempre creduto, l' ho fatto anche quando era una condizione ancora sconosciuta e incompresa.

Oggi però so con certezza matematica che questa Forza esiste per davvero!

Non è stato un percorso facile e leggero, e ci sono arrivata sbattendo più volte la testa, ma i risultati oggi sono qui davanti a me.

Ho la conferma che la Legge d'Attrazione esiste e che è solo l'Amore a muoverla, ad alimentarla e a guidarla.

Nel mio lavoro come terapeuta è solo una spinta d'Amore a farmi entrare in contatto empatico ed energetico con le persone; solo l'Amore mi dà la forza per sostenere le persone che si fidano e affidano a me, ed infine è solo l'Amore che mi guida.

L'Amore in realtà guida i passi di ognuno di noi, ci sostiene dolcemente e ci indica il Sentiero. Dobbiamo solo abituarci a sentire con il Cuore e a parlare con l'Anima anziché con la mente.

Se provassimo tutti a stringerci in un abbraccio fraterno, se imparassimo a lasciare andare preconcetti, giudizi e atteggiamenti di paura come sarebbe tutto più bello, più semplice!

Voglio indicarti oggi un facile esercizio per iniziare questo processo di innamoramento di te stesso, e del tuo progetto di vita.

Vai allo specchio e guardati negli occhi, prendi un respiro profondo e con tenerezza dì queste parole:

"Io voglio amarmi, io voglio accettarmi senza giudizi, io voglio farcela a ritrovare me stesso. Io sono un essere pieno d'Amore"

Dopo aver ripetuto questa frase sorridi, e se puoi cerca di perdonare i torti che hai inflitto e quelli che altri ti hanno inflitto.

Starai davvero meglio dopo!

È fondamentale però amare con il cuore!

Cosa vuol dire avere cuore?

Significa soccombere sempre, ed essere deboli o sfruttati?

Non credo!

Penso invece che avere cuore significhi esserci quando le circostanze lo richiedono, senza tuttavia mortificare se stessi, o peggio annullarsi in nome dell'altro, o della situazione che si sta vivendo.

Il comandamento di Gesù mi sembra particolarmente esaustivo, disse:

"Ama il prossimo tuo come te stesso".

Gesù quindi sottolinea l'importanza di amarsi e di amare.

Cosa significa amarsi? È davvero una domanda difficile, perché anche quando crediamo di farlo, spesso siamo legati ad un modello che non ci appartiene veramente.

E quindi amiamo con la mente e non con il cuore!

Come fare per amarsi?

Dobbiamo ritrovare la nostra autenticità, dobbiamo ritrovare la genuinità, la voglia di ridere e di essere spensierati e di gioire della vita, come può farlo un bambino che al mattino pensa solo ai giochi che farà nella giornata.

La vita è davvero bella se la si impara a vivere!

Allora tutto è diverso, ed anche i piccoli e grandi contrattempi passano come nuvole grigie in un giorno d'estate.

La vita può essere magnifica se scopriamo chi siamo e cosa dobbiamo fare!

La vita può essere vissuta tiepidamente o intensamente.

Sarà che per carattere non riesco ad essere tiepida, vivo sempre in modo viscerale ogni esperienza e non riesco a sentire le cose in modo superficiale.

Per me la vita è un oceano profondo in cui immergermi o cavalcare l'onda a seconda delle circostanze.

Essere fatta in questo modo mi ha portata a vivere molto intensamente e nel bene come nel male la vita l'ho sempre presa così, la so solo vivere così!

Però ho vissuto, ed oggi posso dire che le mie esperienze sono il bagaglio ed il corredo con cui mi muovo e che mi fanno essere la Gabriella di oggi.

Perché sono fatta in questo modo, ed ho imparato ad amarmi ed apprezzarmi con pregi e difetti.

Il bello della storia però è che, dopo tante esperienze, credo di avere capito una cosa importante: **non si deve filtrare il presente con il setaccio del passato e neppure lo si deve infilare nell'imbuto del futuro.**

Oggi so che il presente è l'unico tempo che ho, e lo vivo intensamente e profondamente, con il mio stile, senza farmi più sorprendere dai ricordi o peggio dai confronti...

Ogni giorno è unico, irripetibile e speciale ed è così che mi accingo a viverlo.

Spesso vecchi pensieri e antiche memorie fanno capolino per farmi paura, e distogliermi dall'essere nel qui ed ora.

La consapevolezza è la chiave per far cessare questo borbottio nella testa.

Con lui so che non sbaglio!

Amarsi ed amare con il cuore avvicina sempre di più al vero modello da seguire, quello dell'Amore Incondizionato, meta non certo facile, ma di sicuro molto importante e ambita.

Ci stiamo provando tutti in fondo!

Siamo qui per questo.

Amare veramente è la lezione decisiva in ogni vita, quindi anche nella tua...

Non esiste al mondo una forza superiore all'amore.

Tutto ciò che è stato creato da Dio è stato concepito nell'Amore.

Per questo le più belle creazioni umane sono il risultato di questa atavica capacità interiore di cui disponiamo, ma che spesso lasciamo in disuso.

Un figlio, un'opera d'arte, un manicaretto fatto con amore, sono tutte manifestazioni dell'infinito potere creativo dell'uomo.

L'essere umano quando riesce ad allinearsi consapevolmente con il proprio potere interiore può davvero creare la vita che desidera. Avrà nelle mani il dono più grande: quello di un cocreatore!

Occorre però amare con il cuore.

Questa facoltà è difficile da conseguire perché la condizione umana ci porta ad interpretare l'amore come un bisogno, un vuoto da riempire. Non è così.

L'amore è davvero tale quando diventa un dare, un donarsi vicendevolmente. Sapendo che l'altro non ci apparterrà mai, perché l'amore non è possedere ma offrire.

Amare è non sentirsi mai soli, mai vuoti, mai abbandonati.

Quando sei innamorato e senti che vuoi vivere l'esperienza dell'amore in un continuo scambio di sensazioni di benessere e gioia, allora stai certo che stai sperimentando una grande benedizione ed un vero amore.

Se invece senti paura, bisogno di possedere, o non ti senti all'altezza del tuo partner, significa che stai sperimentando ancora la faccia limitata dell'amore.

Per risolvere questo problema hai bisogno di sentire prima di tutto la perfezione del tuo Sé, di entrare in contatto con la gioia che vive già nel tuo cuore.

Dopodiché potrai amare, donarti e vivere sempre nell'amore, in un connubio di sensazioni di appagamento e realizzazione meravigliose.

Chi ama si sente il padrone dell'universo, e dispone di una quantità di energia in grado di spostare le montagne.

Chi ama dispone del potere più straordinario del mondo: quello di creare la propria vita.

Quando si ama si crede possibile qualsiasi sogno!

Ed è per questo che il mondo è degli innamorati.

Ti invito ad amare: puoi innamorarti di un progetto, di un obiettivo o di un altro essere umano... la lista è lunga, scegli tu!

L'importante però è di sentire battere il cuore portando l'attenzione all'oggetto, o alla persona amata, percepire un sottile fremito che collega anima e cuore.

Si può amare solo così!

Sentire il cuore che invia sensazioni meravigliose che fanno gioire l'anima!

Ama con il cuore e vedrai trasformare la tua vita in qualcosa di meraviglioso...

Capitolo 9

Il segreti della meditazione

Nel mio percorso dentro me stessa la meditazione ha avuto una parte fondamentale. Se non fossi riuscita ad entrare in contatto con il mondo interiore non sarei mai riuscita a trovare il Sentiero di Luce e Amore.

Ed è per questo che ho voluto inserire un intero capitolo dedicato alla meditazione guidata, per darti strumenti e conoscenze che ti avvicinino al tuo Sé.

In queste pagine troverai preziosi consigli, che ti eviteranno di commettere gli errori più comuni di chi si avvicina per la prima volta alla meditazione.

Cercherò cosi di facilitarti la strada affinché tu possa raccogliere immediatamente i frutti di questa fantastica pratica di benessere e di evoluzione spirituale.

Sappi però che lo stato meditativo diventerà gradualmente più facile ed accessibile mano a mano che ti rilasserai e smetterai di preoccuparti dei risultati. Non cercare qualcosa di particolare, o specifico. Lascia che le immagini, le sensazioni, i pensieri fluiscano semplicemente, ti ripeto: non attaccarti a quello che vorresti ottenere dalla meditazione.

Cercherò di spiegarti meglio il concetto.

Mettiamo ad esempio che tu voglia meditare per ottenere rilassamento. Non iniziare pensando "adesso mi devo rilassare", non vivere la meditazione come un evento che deve produrti un certo risultato.

Sii invece concentrato solo sulla pratica, registra gli esercizi che troverai più avanti, oppure vai sul mio blog *www.sentierodorato.it* dove potrai scaricare gratuitamente diverse meditazioni in formato audio.

Segui le parole, fatti trasportare da esse, e se qualche pensiero estraneo si infila nella tua mente non irritarti pensando:

"devo smettere di pensare a questa cosa se no rovino la meditazione".

I pensieri devono semplicemente essere osservati, non cercare di controllarli o peggio di fermarli, non ci riusciresti!

Evita di irritarti quando entrano nella testa, falli passare come se fossero palloncini colorati.

Se mentre ascolti una meditazione ti distrai ed inizi a pensare a tutt'altro... quando te ne rendi conto riporta semplicemente l' attenzione all'esercizio.

Non esprimere giudizi, non rimproverarti, ma fai solamente questo: ritorna ad ascoltare e vai avanti da quel punto.

Non tornare indietro per ripetere l'esercizio, perché questo atto non farebbe altro che consolidare la tua sensazione di inadeguatezza e di fallimento.

Ti accorgerai che la mente può essere domata più facilmente con una goccia di miele che con un barile di aceto. Se insisti sul considerare sbagliato ciò che fai, ripeterai sempre lo stesso errore. Invece se non dai troppa importanza alla cosa, presto riuscirai a restare concentrato per l'intera durata dell'esercizio.

A quel punto sarai diventato bravissimo!

Quando riuscirai a focalizzarti sulla voce, senza distrazioni, ti accorgerai di entrare facilmente in uno stato di profondo rilassamento, sarà davvero come se le parole ti cullassero dolcemente.

Nello stato meditativo ti riappproprierai di antiche sensazioni che avevi sepolto profondamente nel tuo io.

Ricorda che si può "guarire" solo quando si è disposti a lasciar venire fuori il dolore, il quale non è altro che "tessuto emozionale rimagliato a trama larga".

Credo proprio che sia per questo che la sofferenza "passa dentro". È un po' come se il tessuto lasciasse filtrare le emozioni dolorose, le facesse scivolare dentro: ci si illude così che non ci siano più, ma in realtà non sono state rimosse, sono ancora lì, solo ben nascoste. Nella meditazione troverai le risposte che cerchi perché tutto è già dentro di te. Non sarà la mente logica e razionale a parlarti, ma l'altra parte di te, quella nascosta e poco ascoltata. Nella meditazione darai voce alla tua mente profonda, quella che sa esattamente come sei fatto e di cosa hai bisogno.

Ti auguro di esplorare gli spazi reconditi del tuo io con fiducia e speranza.

Il mio augurio è che tu possa riprendere il pieno comando della tua esistenza, senza lasciarti più ostacolare o bloccare dalle paure che hai sepolto dentro il tuo cuore.

In questo libro troverai molti suggerimenti affinché tu possa incontrare te stesso.

Non è poi così difficile trovare uno spazio in cui muoversi ed iniziare a volare. Basta iniziare, bisogna solo provarci e non cercare di ottenere risultati a tutti i costi.

Non deve esserci sforzo ma solo piacere di fare!

Mi auguro che tu possa sperimentare nuovi livelli di consapevolezza che facciano innalzare le tue vibrazioni, affinché tu possa assistere ad uno spettacolo nuovo: in cui mente subconscia e l'anima ti parlino utilizzando la mente conscia come una preziosa alleata e amica.

I dieci consigli per meditare bene

"Cosa occorre sapere"

L'ambiente: la temperatura della stanza deve essere gradevole, non troppo calda e neppure fredda. Fai in modo che ci sia una piacevole penombra, le luci al neon devono essere spente; eventualmente si può optare per una lampada alogena o per delle candele. Una luce soffusa crea l'atmosfera giusta. Se possibile medita sempre nello stesso posto, creati il tuo "angolo della meditazione" per caricarlo di energia positiva. Col tempo ne vedrai i risultati.

L'abbigliamento adatto: niente indumenti stretti, togliti le scarpe, eventuali cravatta, cintura, orologio e monili Non c'è niente di meglio di una comoda tuta in inverno e pantaloncini e maglietta in estate, è conveniente tenere una coperta a portata di mano, perché durante il rilassamento la temperatura corporea tende a scendere.

La posizione del corpo: il corpo deve essere comodo. È assurdo metterti in posizione da fachiro se sai già di non resistere. Quindi niente posizione del loto, se non hai la giusta preparazione fisica. È preferibile stare disteso sul divano, sul letto, o per terra su un tappeto. Se tendi ad addormentarti in questa posizione è più utile meditare da seduto, con la spina dorsale ben diritta. Con la pratica troverai la posizione più confacente, la migliore per le tue caratteristiche. Le mani possono restare tranquillamente in grembo, oppure appoggiate sulle cosce, adagiate sulle gambe con i palmi in su, o se preferisci unisci pollice ed indice di entrambe le mani. Inspira dal naso ed espira dalla bocca se ti fa sentire bene, altrimenti puoi espirare sempre dal naso. Gli occhi devono restare chiusi.

I momenti giusti per praticare: è importante acquisire l' abitudine di meditare in momenti fissi durante la giornata, preferibilmente alla stessa ora. L'ideale sarebbe al mattino appena sveglio o alla sera prima di addormentarti. In questi momenti il cervello riesce più facilmente ad attivare le onde alfa, che sono quelle che si sperimentano normalmente nel dormiveglia, e che inducono un profondo rilassamento.

Con quale frequenza: sarebbe bene praticare tutti i giorni. Il rilassamento quotidiano è certamente un grande aiuto per recuperare le energie perse. Permette inoltre di scaricare tensioni e nervosismo. Se non ti è proprio possibile ritagliarti uno spazio giornaliero, dovresti fare meditazione almeno due volte la settimana.

Optional per migliorare gli effettI: se ti piacciono puoi usare candele sia bianche che colorate; incensi dall'aroma non troppo intenso, che può dare fastidio; musica rilassante di sottofondo; cuscini da sistemare a piacere, ad esempio sotto le ginocchia, o i piedi.

Quando è meglio di no: non si dovrebbe mai meditare dopo i pasti, perché a stomaco pieno si rischia di addormentarsi, l'obiettivo della Meditazione è di "Risvegliare la propria Consapevolezza" e non di dormire.

Come diventare buoni meditatori: pratica con costanza. Niente può sostituire l'esercizio costante, non serve a nulla leggere, parlarne e poi non fare nulla: MEDITA, MEDITA, MEDITA!

Sane accortezze: stacca il telefono, anche e soprattutto il cellulare. Assicurati di non venire disturbato dai familiari, oppure dagli animali domestici. Non iniziare se aspetti visite, il suono del campanello potrebbe interrompere bruscamente la meditazione. È fondamentale ritornare con calma allo stato di coscienza ordinario, e avere i giusti tempi per riprenderti.

E per finire: non rialzarti subito dopo la conclusione degli esercizi. Resta ancora qualche minuto a goderti le piacevoli sensazioni di relax che la meditazione ti ha regalato.

Potrai sperimentare le seguenti meditazioni che ho realizzato per iniziare questo cammino dentro te stesso. Nella quiete e nel silenzio le mie parole ti guideranno!

I dieci consigli per meditare bene:

"Cosa non devi fare"

Pensare che sia riservata a pochi eletti, e che sia una pratica difficile da apprendere. Tutti possono meditare se si seguono semplici regole ed accorgimenti. Alla fine si acquisisce la comprensione che la meditazione è facile e semplice da vivere.

Che sia l'apprendimento di una o più tecniche. Le tecniche devono essere gli strumenti che consentono di entrare nella dimensione meditativa. Si utilizzano solo per preparare il terreno, creano le condizioni per eliminare gli ostacoli che ritardano o impediscono l'accadere della meditazione stessa.

Che sia richiesto un grande sforzo. In realtà la meditazione è un processo naturale, richiede molto più sforzo controllare la mente. Meditare significa fluire liberamente in uno stato di Gioia e Benessere e vivere la Pace Interiore.

Che si debba combattere contro i pensieri che si infiltrano nella mente mentre si è in meditazione. Non dobbiamo rifiutarli perché in questo modo essi prendono forza e potere. Siamo esseri umani ed i pensieri entrano ed escono dalla nostra testa in continuazione. Vediamoli "arrivare e andare via" come nuvole che passano nel cielo. Diventiamo gli osservatori dei nostri pensieri.

Praticare malvolentieri. Avvicinarsi alla meditazione come ad un obbligo sortisce l'effetto opposto, fa sprecare energia! Deve essere una necessità che dà gioia. Occorre la volontà affiancata al desiderio.

Pensare che sia un'azione, quindi qualcosa da raggiungere. Non si può fare una meditazione giusta o sbagliata, perché la meditazione è uno Stato dell'Essere.

Sospendere quando emergono sensazioni di disagio. La meditazione permette di "incontrare se stessi", qualche volta ciò che vediamo non piace. Proprio quando vengono sollevati i veli, le maschere occorre continuare a procedere, e andare fino in fondo.

Scoraggiarsi se non si vedono immediatamente i risultati. Ci può volere del tempo prima di vedere dei cambiamenti, non ci si deve scoraggiare, ma continuare con fiducia. Qualche volta abbiamo spessi strati da rimuovere prima di scoprire la Luce.

Credere che sia il rimedio da utilizzare solo nei momenti di difficoltà, quando se ne ha bisogno. Utilizzare la meditazione come soluzione in extremis non va bene, non funziona! Solo quando si acquisisce la sana abitudine di meditare in modo costante, e non saltuario, si potranno godere i suoi benefici effetti in modo rapido ed istantaneo.

Pensare di essere incapaci di visualizzare. Non si deve forzare la visione interiore. La vista con gli occhi della mente è differente da quella con la retina. Nella Visualizzazione Guidata si attivano altre capacità percettive, si possono sentire sensazioni cinestetiche, uditive od olfattive. Ognuno ha il suo canale preferenziale. Lo sforzo mentale produce come risultato un profondo schermo nero e nient'altro, le immagini devono invece emergere spontaneamente. Con il tempo e la pratica migliorerà e si svilupperà globalmente la capacità di immaginare ed il mondo interiore si arricchirà, migliorando e sviluppando le capacità percettive.

Scheda spiegazioni prima meditazione

Il respiro consapevole

È un buon esercizio di rilassamento, serve per prendere contatto e dimestichezza con la Meditazione.

È indicato per "educare la respirazione". È un buon esercizio per iniziare a guidare consapevolmente il proprio respiro.

Il respiro non deve essere forzato, né in inspirazione e neppure in espirazione.

La respirazione consapevole è il primo passo verso la Meditazione sia Guidata che Libera.

Occorre osservare il respiro e lasciarlo fluire liberamente; automaticamente si trova il proprio ritmo ideale.

Con il passare del tempo e dell'esercizio il respiro diventerà lento e profondo in tempi sempre più brevi.

Può essere utilizzato durante la giornata, al di fuori della Meditazione Guidata, per fermare il flusso tumultuoso dei pensieri. Utilizzando il mantra "dentro" in inspirazione e "fuori" in espirazione.

Modificare il respiro è un buon modo per calmare i pensieri, un respiro profondo e tranquillo riesce a placare la mente. Intervenire sul respiro "osservandolo" porta benefici su tutti i piani dell'essere.

Prima meditazione

Il respiro consapevole

Voglio guidarti in un esercizio che ti porterà ad un livello molto profondo di rilassamento. Dopo aver concluso l'esercizio non tornare immediatamente alle tue occupazioni, ma rimani ancora un po' in quella particolare condizione a cui il rilassamento ti porterà.

Inizia a portare l'attenzione al tuo respiro. Inspira profondamente, ma lentamente. Senti l'aria che entra dal naso, cogli le sensazioni di freschezza. Segui il percorso dell'ossigeno portatore di vita, all'interno del tuo corpo. Senti i polmoni che si gonfiano.. si espandono... Poi lascia andare, sempre molto dolcemente. Espira sgonfiando i polmoni e segui a ritroso il percorso dell'aria. Scegli se preferisci di respirare dal naso oppure dalla bocca, che potrai aprire leggermente. L'aria dovrà emergere dal tuo corpo come un leggero soffio. Ripeti alcune volte l'intero processo di inspirazione... ed espirazione consapevole.

Concentrati sul tuo respiro e pronuncia mentalmente la parola "Dentro" quando inspiri e "Fuori" quando espiri. Ripeti questo alternarsi di Dentro... Fuori; Dentro... Fuori.

Senti come il tuo respiro si faccia sempre più calmo e profondo man mano che procedi con l'esercizio. Immagina il percorso dell'aria all'interno del tuo corpo, cerca di seguirlo come se avessi un piccolo monitor che lo segue e ne registra il movimento. Focalizzati sulle sensazioni fisiche che stai provando, sentiti solo più il tuo respiro; sei il tuo respiro!

Quando senti di aver raggiunto un buon livello di calma,

saprai di essere giunto ad un livello profondo di rilassamento. Rimani qualche istante a godere di questo stato di quiete, dove il tuo mondo interiore è pace e tranquillità. Ora sai come fare, come tornare in questo stato di assoluto benesserc.

Quando lo desideri ritorna a concentrarti sul tuo respiro. Riporta l'attenzione sull'alternarsi delle due fasi: Dentro... Fuori. Dentro... Fuori.

Ripeti questo processo fino a quando non ti sentirai di nuovo completamente presente a te stesso.

Riprendi ora il contatto con il mondo esterno. Gradualmente senti il tuo corpo. Sei di nuovo sveglio e vigile, pronto a riprendere le tue normali occupazioni.

Scheda spiegazioni seconda meditazione

La distensione delle spalle

Questo esercizio mira al rilassamento della mente partendo dal corpo.

Insegna a scaricare la tensione che generalmente si accumula sulle spalle e nel collo.

È importante ricordare che il respiro non deve essere forzato, né in inspirazione e neppure in espirazione.

È un buon esercizio per iniziare a portare l'attenzione al proprio corpo, e registrare le sensazioni fisiche troppo spesso ignorate.

Aiuta a diventare consapevoli dei "pesi" generati dallo stress e dalle preoccupazioni.

Aiuta a lasciare scivolare via le tensioni fisiche e mentali.

Con il passare del tempo e della pratica i benefici effetti diventeranno sempre maggiori.

Può essere utilizzato come esercizio di respirazione distensiva durante la giornata, al di fuori della Meditazione Guidata, per rilassare velocemente collo e spalle.

Quando la mente avrà registrato la sensazione di leggerezza provata durante la meditazione sarà più facile richiamarla al momento del bisogno.

Seconda meditazione

La distensione delle spalle

Assumi una posizione comoda e rilassante, sdraiati o rimani seduto se preferisci. Gli occhi possono restare dolcemente chiusi o fissi su un oggetto, più o meno a tre passi di distanza.

Inizia a sentire il contatto dei vestiti sulla pelle.

Senti il collo ed inizia a muovere dolcemente la testa in avanti....e indietro; a destra... e a sinistra.

Ripeti nuovamente questi movimenti: lentamente la testa si muove in avanti... e indietro, dolcemente verso destra e... verso sinistra.

Senti le sensazioni del collo, dove generalmente si accumulano le tensioni, cerca di rilassarlo e di distendere le spalle.

Prendi tre profondi respiri, e ad ogni espirazione lascia ricadere le spalle; lascia che scivolino via, come gocce di pioggia da un piano inclinato, le tue ansie e le preoccupazioni.

Inspira e nell'espirazione distendi le spalle; inspira e nell'espirazione... distendi le spalle; inspira e... rilassa le spalle.

Senti il torace che si dilata inspirando e si rilassa quando espelli l'aria; si dilata e si distende; si dilata e si distende.

Lascia ora che il tuo respiro fluisca naturalmente, liberamente.

Senti l'aria che entra dalle narici, arriva ai polmoni e fuoriesce dopo aver portato ossigeno e vita alle tue cellule, al tuo corpo intero.

Man mano che la respirazione si fa più profonda tu riesci a provare sempre maggiore calma e benessere... calma e benessere.

Resta focalizzato sul tuo respiro, così calmo, profondo e rilassato; il tuo respiro è calmo, profondo e rilassato.

Rimani ancora qualche istante in questo stato di quiete e di pace...

Adesso porta l'attenzione al tuo corpo disteso e rilassato.

Inizia a prendere contatto con l'ambiente che ti circonda, ascolta gli eventuali rumori intorno a te.

Senti che stai tornando gradualmente ad uno stato normale di coscienza.

Stai perfettamente bene. Sei vigile, pieno di vita, completamente sveglio. Quando te la senti con calma, puoi riaprire gli occhi.

Capitolo 10

LAAV® il mio sentiero per l'anima

Inizia così l'ultima parte del nostro percorso, ci addentreremo nel LAAV®, e cercherò di fartelo conoscere un po' meglio.

Ti spiegherò cosa può fare per te se sei una persona in cerca di se stessa, e quali aiuti e strumenti potrai ottenere dalla sua applicazione.

Nel mio percorso di terapeuta ho incontrato tante persone, e non ce n'è mai stata una che non avesse bisogno di sentirsi amata.

LAAV® appunto offre attenzioni, cure, nutrimento, forza e Amore.

Come ti ho già detto all'inizio del libro la parola LAAV® è una sigla che significa LUCE – AMORE – ARMONIA VIBRAZIONALE.

Si opera attraverso la Luce con la forza dell'Amore in piena Armonia con il Tutto.

Ecco perché funziona!

I seminari pratici saranno finalizzati a completare quello che il libro saprà smuovere e suscitare nei lettori.

Dopo aver trasformato la mia vita ho iniziato a farlo con le persone che si sono rivolte a me in questi anni. È stato il loro incoraggiamento la forza più grande, la spinta che mi ha aiutata a superare una naturale forma di timidezza e forse anche la paura di espormi al giudizio altrui. Ho voluto dare al mondo questa energia perché so quanto valore abbia e quanto sia necessaria oggi, in questo delicato momento che stiamo vivendo.

L'Amore è secondo me l'unica possibilità di salvare noi stessi, l'umanità ed il pianeta.

L'Amore è il fine ed il mezzo per arrivare al TUTTO.

Non posso pensare ad una vita senza Amore, quando non ero ancora arrivata a questo livello di consapevolezza, la mia esistenza era vuota e senza senso.

Dovevo ancora imparare a lasciare andare il mio cuore e ad amare a modo mio, intenso, coinvolgente ed avvolgente, senza averne più paura.

Mi piace dare la mia presenza ed il mio amore ai miei cari, agli amici, ai miei allievi, a tutti coloro che vogliono aprire il cuore a questa forza consistente, unica e speciale.

Tutti abbiamo bisogno di qualcuno da amare.
Tutti abbiamo bisogno di essere amati.

Dobbiamo però iniziare con l'amare noi stessi e la vita, ed il resto arriverà!

Questo nostro tanto bistrattato mondo sta rispondendo con rabbia alle incurie e ai soprusi che gli riversiamo addosso.

Solo prendendo consapevolmente cura della nostra vita e di quelle altrui con amore potremo fare la differenza e allontanare lo spettro del dolore, della fame e dell'odio dalla faccia della terra.

Solo quando ci sentiremo uniti in un unico sentimento che unisce, non divide e non fraziona, potremo essere felici.

Nel LAAV® c'è tutto questo, perché solo con l'Amore,

nell'Amore e attraverso l'Amore si può trasformare la propria esistenza, e quelle altrui.

> *Se non avessi amato così tanto la vita, se non avessi continuato a cercare l'Amore nonostante tutto, oggi non sarei più viva.*
> *Devo Tutto all'Amore!*

Ho capito che l'unica cosa che so e voglio fare è "insegnare ad aprire il proprio cuore per amare e ricevere amore in uno scambio infinito, in una specie di danza cosmica che collega ogni cuore, ogni essere, ogni forma di vita".

È necessario amare per arrivare all'UNITÀ e fonderci con l'UNO (parole di Gesù: "*Io e il Padre siamo una cosa sola*").

Credo di poter affermare senza presunzioni o falsa modestia che ho imparato ad aprire il cuore per poter ascoltare le anime intorno a me.

Occorre però voler essere ascoltati, esiste sempre il libero arbitrio, ed è per questo che con alcune persone non è possibile "entrare e fare questa lettura".

Coloro che considerano questo sentimento una perdita di tempo o una sdolcinatura senza senso non potranno mai vedere trasformarsi la propria vita, continueranno purtroppo a vivere nella solitudine e nella povertà affettiva e spirituale.

Ognuno deve scegliere cosa mettere al primo posto nella gerarchia dei valori: io ho messo l'amore condiviso ed è per questo obiettivo che vivo e lavoro.

È molto bello avere una lettura dell'Anima, essa permette di sentirsi capiti, riconosciuti, ma soprattutto amati.

Così avviene la Fusione Cosmica dove le anime danzano libere e felici.

Si sperimenta una situazione di estrema pace e appagamento, ed ogni volta che un allievo la sperimenta vedo un sorriso estatico dipingersi sul volto. Io so che per lui non sarà mai più come prima, perché aver respirato anche solo una volta un Amore Spirituale trasforma la vita e le dà un nuovo senso, un nuovo indirizzo.

Quando le persone mi chiedono "Cosa può darmi il LAAV®? Come ci si sente dopo?"

Rispondo così:

LAAV® consente il contatto ed uno scambio intenso di informazioni tra l'io ed il Sé superiore.

È un sistema completo che permette di aprire i canali percettivi paranormali e di entrare in contatto con il proprio subconscio impartendogli i comandi giusti per le vere trasformazioni.

Si può scegliere il piano su cui agire: fisico, mentale, emozionale, energetico.

Allinea conscio e subconscio ed offre strumenti preziosi per entrare in contatto con il Sè Spirituale in uno stato di assoluta Pace ed Armonia.

Si opera con un'energia più potente, con la Luce anziché solo con il prana.

Si entra in uno stato di coscienza molto profondo e dopo l'attivazione del corpo di Luce vengono collegati a livello sottile i filamenti scollegati del DNA energetico e questo permette di accrescere le capacità sensitive e ultrapercettive trascendendo i comuni 5 sensi. Questo permette alle persone di intraprendere un percorso spirituale tenendo conto della treccia dell'essere, in cui i poteri dello spirito si uniscono ed armonizzano perfettamente con quelli mentali e fisici.

La differenza che intercorre tra una persona che è stata attivata nel suo corpo di Luce ed un'altra, è la quantità di energia che riesce a muovere e a gestire, di conseguenza il livello di consapevolezza in cui vive.

L'uomo è un' antenna ricetrasmittente ed il LAAV® intensifica i processi di comunicazione e di ricezione.

Accresce il potere intuitivo e favorisce equilibrio ed armonia sotto tutti gli aspetti.

LAAV® permette di utilizzare gli ultrasensi e posso assicurarti che ogni creatura umana è già naturalmente predisposta perché funzionino.

Si agisce attraverso la Luce, (che si vede durante l'attivazione), l'Amore come forza propulsiva che sa operare i veri Miracoli, e l'Armonia Vibrazionale, nel senso che si riescono a cogliere le note stonate in quella Grande Armonia che è la Vita Umana.

Con il LAAV® si viene a formare una potente connessione tra Mente Superiore – Cuore Spirituale e Centro del Potere (plesso solare).
Utilizzando la Mente Superiore i due emisferi celebrali sono collegati e non più in conflitto, il Cuore Spirituale ama con amore incondizionato ed il Centro del Potere può manifestare la realtà esterna in modo consapevole ed avviare il processo di trasformazione.

Sviluppando la Mente Superiore si incrementa il potere intuitivo, l'unico che può dare risposte mirate e chiare e che permette di entrare in contatto con il Sé Superiore. Con l'attivazione del Cuore Spirituale l'energia che ne scaturisce è dolce ma forte al tempo stesso, amorevole e decisa, rilassante e rafforzante. Utilizzando il Centro del Potere la forza e la facoltà di crescita e di realizzazione personale aumentano e migliorano la qualità della vita sotto tutti i fronti.

Avrai modo di avere un piccolo assaggio di LAAV® ascoltando le meditazioni che puoi scaricare dal mio sito *www.sentierodorato.it* esse contengono le frequenze vibrazionali di questa pratica energetica.

Ti ricordo però che solo un vero trattamento di LAAV® ti consentirà di sperimentare al 100% il senso completo delle mie parole, sentendo dentro il contatto con il Sé Superiore e la tua anima.

C'è tanto bisogno di Luce e di Amore, c'è tanta paura, solitudine e disperazione nel mondo intorno a noi. LAAV® agisce come potente energia di trasformazione, cambiando quegli schemi mentali che irrigidiscono l'essere e gli impediscono di vivere nel pieno rispetto di se stesso, del prossimo e della realtà circostante.

L'energia di LAAV® è una possibile risposta ai bisogni e ai problemi dell'uomo del nostro tempo.

LAAV® è Amore e Armonia veicolati attraverso lo strumento più potente: la Luce. Il prana è invece un'energia più pesante e grossolana, ecco perché con LAAV® i risultati sono più diretti, precisi e profondi.

Significa agire con una essenza ad un livello vibrazionale più elevato. Attivare il LAAV® significa muoversi su un altro piano dell'essere, vuol dire evolvere perché esso porta nuovo materiale a livello cosciente, significa possedere straordinari strumenti di trasmutazione a livello globale: in corpo, mente ed anima.

Credo che solo connettendosi con la treccia dell'essere, costituita dai nostri tre stati fisico – mentale – spirituale, si possa vivere pienamente e in modo ricco, appagante e creativo.

Le vibrazioni di LAAV® si avvertono intensamente e tutto il corpo risponde al loro invio. Le frequenze elettromagnetiche si fanno più intense fin dal primo utilizzo della tecnica, e si prova immediatamente una nuova condizione di pace e di quiete interiore. Le sensazioni al termine del trattamento sono come dopo aver fatto un lungo sonno ristoratore, ma la consapevolezza acquisita rimane ad arricchire di nuovi contenuti la coscienza.

La treccia dell'ESSERE si arricchisce di nuovi contenuti e le proposte arrivano direttamente da un nuovo potere intuitivo.

Chi ha sperimentato LAAV® ha detto:

"Mi sono sentito avvolto in un caldo abbraccio ed ho avvertito chiaramente la presenza di tanto Amore dentro e fuori di me".

"Mi sono sentita come dopo un lungo sonno, molto distaccata dalla realtà del mondo, è come se fossi entrata in un altro tempo, in un nuovo spazio".

"Ho avvertito vibrazioni in tutto il corpo, come delle onde gentili che mi attraversavano, la mente era lucida e recettiva ed ho avvertito una forte sensazione di potere interiore, stavo così bene, mi sentivo invincibile".

"Mi sono sentito fondere con il Tutto, una condizione paradisiaca, da non aver più voglia di tornare indietro"

"La mente era scollegata dai pensieri e dai problemi quotidiani, ho sperimentato finalmente la pace nell'anima".

Queste sono solo poche considerazioni estrapolate dalle conversazioni con alcune persone alla fine della sessione, infatti ogni trattamento è sempre nuovo, sempre diverso!

LAAV® lascia ogni volta qualcosa di profondo dentro, un seme di cambiamento e di trasformazione generale, originando consapevolezza del proprio Sé Superiore in relazione con il Tutto.

Luce nel corpo, nella mente e nell'anima, tanto Amore incondizionato dentro e Armonia vibrazionale in ogni aspetto dell'essere.

Ogni cellula viene vivificata dall'energia di LAAV®, ed il corpo diventa sempre più sano e forte, perché viene ad attivarsi il vero corpo di Luce, che è l'obiettivo strutturale ed energetico a cui l'uomo deve giungere per poter vivere nella nuova era: quella dell'Acquario.

La mente può finalmente trovare unicità di intenti e di applicazione con la fusione dei due emisferi, che finalmente possono interagire insieme parlando la stessa lingua: quella dell'Amore.

L'anima invece riesce ad esprimersi pienamente libera di essere se stessa senza sotterfugi o compromessi. Le energia del pianeta stanno cambiando, stiamo assistendo a grandi trasformazioni, l'uomo deve evolvere per poter raggiungere il vero Benessere. Credo che siamo nati per dimostrare a noi stessi che si può vivere bene e felici racchiusi in un corpo.

Forse è proprio questa la grande sfida: ritrovare la Forza

dell'Uno divisi nella dualità di corpo e spirito.

Superare la polarità è da sempre il grande obiettivo dei Maestri Spirituali, **agire con l'energia di LAAV® consente di sperimentare il mondo dello Spirito, restando ancora racchiusi in un corpo.**

Quando si vive un'esperienza così importante non si può non rimanerne toccati e trasformati.

La mia vita e quella di coloro che hanno già sperimentato LAAV® sono la dimostrazione che si può percepire se stessi e la propria vita in modo diverso, se si entra in un nuovo spazio interiore e si affinano gli ultrasensi.

Sono felice di aver potuto contribuire alla nascita e alla diffusione di questo straordinario atto d'Amore del Divino. Ogni epoca ha avuto le sue prove, ma anche i suoi straordinari aiuti.

Sono certa che in questo momento LAAV® sia un grande Dono sopraggiunto per aiutarci a superare al meglio il giro di boa a cui l'umanità sta giungendo.

> *Solo la Luce potrà illuminare il buio della paura, della desolazione e della morte. Siamo essere illimitati, meravigliosi ed immortali, siamo esseri di Luce, ma dobbiamo solamente ricordarlo per riscoprire le nostre caratteristiche, quelle più vere ed assolute.*

Siamo esseri Divini fatti ad immagine e somiglianza con il nostro Creatore, che fin dagli inizi dei tempi ha voluto per noi solo Amore e Gioia.

Non siamo stati capaci finora di godere della nostra fantastica condizione di esseri umani cocreatori, ed abbiamo ceduto alle lusinghe della paura, del dubbio, del disamore e della morte.

Ora tutto è pronto affinché si possa vivere in pieno la vita che meritiamo di vivere.

Possiamo scegliere cosa vogliamo per il nostro futuro.

Vogliamo restare prigionieri della paura e del buio perdendoci nell'oblio di un destino crudele ed infelice?

Oppure preferiamo cavalcare la nostra esistenza facendo scelte diverse, all'insegna della creazione consapevole illuminata dalla Luce e dall'Amore?

Ciascuno di noi è libero di decidere cosa preferisce.

Mi auguro che tu possa incontrare solo esperienze edificanti che ti possano portare il più lontano possibile, per sperimentare stati assoluti di pace ed armonia.

Essere Felici è possibile credimi, occorre cambiare qualcosa, ma il risultato è certamente meritevole di qualche sforzo.

Spero che questo libro ti stia dando sufficienti spunti ed argomenti di introspezione. Ma spero soprattutto di averti fatto nascere il desiderio di approfondire la conoscenza della Realtà Spirituale. Vorrei che ti venisse voglia di entrare in questo mondo e di provare nuove sensazioni, che sono certa potrai sperimentare entrando in questa fantastica dimensione.

Il corpo veicola perfettamente l'energia elettromagnetica.

Lo dimostrano esami clinici quali elettrocardiogramma o elettroencefalogramma in cui viene registrata l'attività elettrica presente ad esempio nel cuore o nel cervello.

Nel mio lavoro come terapeuta ho individuato 9 zone in cui l'attività elettromagnetica è più intensa, dove è possibile esplorare e percepire anche da neofiti ed inesperti le energie bloccate, o rallentate. Sento come se in quelle zone le energie si fermassero filtrate da una rete sottile.

Esse si sedimentano così da poter essere catturate e disciolte facilmente, e gli esercizi di LAAV® permettono di entrare in contatto con sensazioni e stati dell'essere sconosciuti e profondi.

Tutto nella vita deve fluire, ciò che si ferma provoca squilibrio, dolore, malattia, morte.

Tutto deve muoversi, nell'universo non esiste staticità per cui quando fermiamo le energie con la paura, il dubbio, l'insicurezza ecc. non facciamo altro che cristallizzare il dolore nel cuore, nel corpo e nell'anima.

> *Solo ciò che abbiamo fermato nel suo procedere, nel suo avanzare nel continuo ciclo vitale può creare dei problemi.*
> *Sentire il movimento delle energie attraverso LAAV® permette di recuperare la fluidità, e lo scorrere armonico delle energie inespresse, o congelate.*

La spinta in avanti viene offerta dalla Luce del Puro Amore Incondizionato che proviene dall'incontro del Padre e della Madre Divini che hanno originato il Sacro Sé!

Entrare in contatto con queste energie permette di trasmutare se stessi in ciò che siamo davvero.

Fa sì che il nostro progetto di nascita sia onorato, e che si possa essere davvero liberi ed autentici dentro noi stessi.

> *Abbandonare le false identità permette di far crollare istantaneamente le false convinzioni che ci hanno accompagnato, e che ci hanno nascosto la verità su noi stessi e sul mondo in cui viviamo.*

In LAAV® è possibile entrare in contatto con i tre piani dell'essere e apportare modifiche e aggiustamenti in modo da migliorare lo stato generale di Benessere.

Nel LAAV® si utilizzano i poteri della mente conscia, di quella subconscia, la forza dell'Amore e del potere creativo, il tutto condito con PURA ENERGIA DI LUCE.

Si può entrare così nel problema specifico riuscendo a portare nuove soluzioni e risposte intuitive a livello subconscio, emotivo ed energetico.

La spiritualità con le sue leggi diventa Luce Guida dell'intera esistenza donando fiducia e positività.

> *Il LAAV® è una sistema di crescita interiore, di sviluppo della coscienza ed uno strumento di ricarica, armonizzazione ed integrazione energetica, ma è innanzitutto una risposta al cambiamento epocale a cui stiamo assistendo.*

Nuove energie stanno scendendo sulla terra, ed è importante essere preparati a ciò che stiamo vivendo, per poterlo affrontare nel migliore dei modi.

È un momento di enormi potenzialità, l'uomo non è mai stato così vicino a riavvicinarsi al proprio Sé Superiore come adesso.

Però bisogna essere pronti a gestire questi cambiamenti, si devono avere le chiavi giuste per poter entrare nel futuro con gli strumenti e le conoscenze giuste.

Buio e Luce sono stati sempre i due grandi antagonisti, siamo immersi in un'esistenza duale che ci confina, ci separa e isola gli uni dagli altri, facendoci credere nella paura, nel dolore e nella solitudine.

Ma se potessimo superare la polarità per vivere una vita vera piena di amore, potenzialità infinite, abbondanza, pace e gioia per tutti, sarebbe bello vero?

E se ciò fosse possibile?

Come?

Togliendoci di dosso maschere, camuffamenti, zavorre, orpelli che ci hanno tenuto nascosti da... noi stessi.

Mai come in questo periodo le due forze sono state così intense in una sorta di duello. Bene e male, pace e guerra, paura e coraggio, amore e odio.

L'uomo deve schierarsi e non può più rimanere indifferente, deve ritrovare il coraggio di esporsi, di mostrarsi nudo di fronte a se stesso, ai propri errori, fragilità e paure.

Occorre accettarsi amandosi pienamente e profondamente con quelle che sono le limitazioni e le caratteristiche di un essere umano.

Nel giardino dell'Eden Adamo dopo aver mangiato la mela ha avuto paura di farsi vedere nudo da Dio... Adamo voleva essere come Dio, e ci ha provato facendo nascere l'ego.

Per poter essere come Dio, l'ego invece deve morire.

Solo se l'ego muore possiamo ritornare all'Uno e alla nostra Divinità.

> *Quanto è difficile però seppellire l'ego!*
> *Si nasconde sempre così bene, ma il mondo esterno interviene riflettendoci proprio quegli spicchi bui che stanno ancora attaccati alla nostra stella interiore, impedendoci di volare con l'anima.*

L'ego non può volare invece, perché è pesante, statico, lento, impedito, rigido e bloccato dentro i propri schemi e condizionamenti.

Lo Spirito invece è leggero, libero, autentico, perfetto, felice, consapevole.

Lo Spirito è Amore, è Vita!

Esiste una sola realtà ed è AMORE, tutto ciò che non fa parte di questa sostanza è irreale, maja dicevano i vecchi saggi, dobbiamo solo impadronirci di questa grande Verità.

Gesù lo ha detto 2000 anni fa " Vi do un comandamento solo amatevi gli uni gli altri come io ho amato voi".

Non è certo facile applicarlo! Perché?

Tutto parte da noi stessi e dal fatto che siamo Campi di Energia.

L'unico problema dell'essere umano infatti è la sua propensione alla staticità.

L'energia deve sempre fluire, perché quando ciò non accade, e ci irrigidiamo per paura, incomprensioni, o dolore, la nostra struttura energetica si appesantisce e diventa sempre più buia, lenta, contratta, rigida, e si arresta fino a bloccarsi.

LAAV® è LUCE – AMORE - ARMONIA che scorrono attraverso nuove vibrazioni, nuove frequenze immesse nel campo energetico attraverso un'"Attivazione" in cui l'aura, e tutti i vari corpi di cui siamo costituiti (fisico, eterico, emotivo, mentale, spirituale) sono trasportati ad un nuovo livello di coscienza.

Qui diventa facile sentire nuove sensazioni, sperimentare nuovi stati dell'essere, migliorando gradualmente il contatto con il proprio Sé e affinando le capacità percettive degli ultrasensi.

Durante l'Attivazione scorre Puro Amore Incondizionato veicolato nel sistema nervoso energetico dall'Ultraluce, una forma di Luce più intensa e veloce come frequenza. Rispetto a quella normale è una luce più cristallina, molto più forte, precisa, potente e profonda.

Dopo l'attivazione si viene a formare una nuova struttura energetica nel corpo, nella mente e nell'anima.

Dopo l'attivazione di LAAV® saprai emanare nuova Luce consapevole dal corpo, dal cuore energetico, dalla mente e dall'anima. Come un albero di Natale a cui vengono collegate nuove lampadine, così il tuo corpo sarà illuminato di nuova Luce Interiore.

Il tuo Sé potrà finalmente manifestarsi in tutto il suo splendore e l'energia che scorrerà diventerà sempre più pura, elevandosi in frequenza ed intensità.

Quando è il Sé a dirigere la nostra vita diventiamo più sereni e saggi perché guidati da un' intensa consapevolezza dell'essere.

Cosa c'entrano invece le energie bloccate con dolore e paura?

Se le energie si fermano si determinano automaticamente scompensi e blocchi che possono scaturire in dolore, conflitti, e malattie.

Il compito del LAAV® è di portare un nuovo equilibrio nell'essere, attraverso l'ausilio di un sistema operativo semplice ed efficace.

Le energie del pianeta stanno cambiando, siamo subissati da spinte emotive, sociali, evolutive, ecologiche e strutturali che determinano la necessità di adeguarci necessariamente ad un nuovo modello di essere umano.

Dobbiamo cambiare per poter vivere una vita nuova e diversa da quella che conosciamo.

LAAV® è un'energia di trasformazione che permette di abbandonare la vecchia struttura energetica e di installare un nuovo essere, fatto sostanzialmente di un DNA energetico più evoluto, perché più consapevole.

Le energie della Luce di cui il LAAV® è costituito si sentono chiaramente scorrere dentro il proprio corpo, si sente la mente distaccarsi dai problemi della quotidianità e l'anima prende il volo, libera di esprimersi.

LAAV® permette di abbandonare vecchi fardelli e paure consententdoti di allinearti con le energie della Gioia e dell'Amore. Quando sei libero di essere te stesso senza più maschere o fraintendimenti disporrai totalmente del tuo potere interiore.

Avere potere significa essere finalmente un cocreatore consapevole e responsabile, e con LAAV® potrai riprendere pienamente possesso della tua vita, dirigendola dove desideri.

Il mio Sistema Creativo abbinato all'energia del LAAV® permette di ottenere risultati fantastici perché il mix della Mente Creatrice unita alla Forza del Cuore con il Potere dell' Energia Sacra determina il Pieno Successo delle proprie manifestazioni.

Le trasformazioni però avvengono solo se lo si vuole, si può cambiare solo se si è disposti a mettersi in gioco e a lavorare su se stessi.

Solo così si può forgiare uno stato interiore che tende sempre più ad allinearsi con l'equilibrio e l'armonia.

La vita dell'uomo consapevole ed evoluto è all'insegna dell'Amore e della Compassione; il rispetto e l'accettazione sono gli unici vessilli per vivere una pace vera, globale e duratura.

La pace deve nascere prima nel proprio cuore, perché finché dentro si agitano conflitti, rigidità mentali e pregiudizi, sarà difficile coltivare la pace verso il mondo esterno.

Dobbiamo perciò fare pace con noi stessi e innalzare bandiera bianca sul torrione del castello dell'ego, che quando si arrenderà ci farà vivere meglio, e pace e armonia saranno indissolubilmente ancorate in noi.

Condizionamenti, frustrazioni, conflitti e paure potranno così sciogliersi come neve al sole lasciandoti LIBERO di esprimere e manifestare quello che sei realmente, al di là delle maschere con cui ti sei rivestito fino ad ora.

Attraverso il LAAV® puoi entrare in contatto con un'altra dimensione, più leggera, più quieta e gentile che saprà prenderti per mano ed indirizzarti verso uno stato dell'essere più armonico e amorevole.

Con LAAV® avrai modo di vedere i risultati perché i cambiamenti avverranno naturalmente e spontaneamente.

È una legge fisica, umana ed energetica che si riunisce in una sola verità: la Legge del kharma, ossia la legge di causa ed effetto od ancora chiamata legge d'attrazione.

Tutto è finalizzato alla nostra evoluzione, dobbiamo crescere come esseri senzienti, liberi e responsabili.

La mia speranza nella diffusione del LAAV® è di portare un piccolo contributo verso la felicità qui sulla terra.

Vorrei che i nostri piccoli corpi fossero in grado di sperimentare gioia e benessere in un continuum di tempo presente.
Un'infinita immersione nell'Amore Incondizionato!

Vorrei che la mia esperienza e ciò che sento potessero far vedere un nuovo sentiero da percorrere con fiducia e appagamento, con gioia e pace interiore.

Se i sentimenti e l'ascolto dell'anima prendessero il posto

dei vecchi schemi rigidi e dell'egoismo, l'uomo potrebbe vivere il paradiso adesso, qui ed ora.

Chissà forse il compito delle nuove generazioni sarà quello di riportare la terra all'antico splendore del Giardino dell'Eden, luogo incantato in cui leoni ed agnelli potevano vivere in pace.

L'unica condizione necessaria per realizzare tutto questo però è di permettere all'amore di guidare le nostre vite.

Solo quando ciò si realizzerà, saremo davvero liberi dalla schiavitù dell'ego, liberi di percorrere un sentiero di beatitudine rivestendo i nostri meravigliosi panni umani!

> *Questo è un augurio e una speranza per gli uomini e le donne di oggi affinché possano proiettarsi nel domani con forza e potere consapevole.*

Ho scritto questo libro con il cuore e con l'anima ed è con queste due parti di me che te lo consegno ed ti affido il mio messaggio:

"L'essere umano può vivere felice qui ed ora!

Proviamoci tutti insieme adesso, iniziamo ad aprire i nostri cuori ed un grande girotondo di Luce e Amore circonderà l'umanità e la Terra".

Epilogo

Siamo arrivati alla fine di questo viaggio, spero tu sia stato bene con me!

Sono convinta che la parte più importante sul Sentiero tu l'abbia già fatta seguendo questo percorso, e che tu adesso debba solo mantenere viva questa piccola grande fiamma che si chiama **consapevolezza**.

Sono certa che l'anima ti abbia parlato sicuramente in questo tempo, e ti abbia suggerito cose importanti per te e la tua vita.

Sono davvero felice se sei stato capace di ascoltarla, e vorrei averti fatto capire che il linguaggio dell'anima può diventare un naturale e semplice modo di comunicare con te stesso.

Quando le anime sapranno dialogare tra loro, trascendendo l'ego, allora il mondo sarà davvero un luogo di pace e benessere.

Questo è un sogno, un mio grande desiderio.

Sai i sogni si realizzano sempre quando uno ci crede per davvero!

Ed io ci credo... spero che ci creda anche tu!

Informazioni utili e contatti

Per poter sperimentare LAAV® e/o partecipare a un seminario, puoi tenerti aggiornato su www.sentierodorato.it oppure scrivermi a sentierodorato@gmail.com.

I seminari si svolgono già nelle seguenti città: Genova, Milano, Modena, Roma, Torino e Vicenza. Se hai un'associazione e sei interessato/a a organizzare i miei seminari, sarò felice di collaborare con te.

Le sessioni individuali invece si tengono esclusivamente presso le seguenti associazioni:

Milano
Associazione La Terza Onda
Via Bellarmino 21
Tel. 02 8465286

Torino
Centro Studi Olistici Brahma Vidya
Via Vandalino 82/28
Tel 011 4119849
Cell. 334 3145040

Con un abbraccio di Luce ti ringrazio per esserti affiancato a me

Gabriella Tuninetti

CATALOGO EDIZIONI PSICHE 2

Vicky Noble
Madrepace. Una via alla dea attraverso il Mito, l'Arte e i Tarocchi.
Attraverso l'analisi delle figure degli archetipi dei Tarocchi, sapientemente rivisitati da Vicki Noble e Karen Vogel, Madrepace recupera i valori positivi, vitali e pacifici dell'epoca pre-patriarcale, unendo arte, storia, mitologia, folclore, filosofia e religioni ad una consapevole prospettiva spirituale ed omnicomprensiva.
Anno 2009 - € 25,00
DISPONIBILE IL MAZZO DI CARTE MOTHERPEACE GRANDE A € 25,00

Milena Rao
Alla Luce del Crepuscolo. Vampirismo e licantropia nella storia e nel mito.
A tutt'oggi, l'intrigante argomento del vampirismo, al pari della licantropia e delle leggende sui lupi, è un controverso oggetto di interesse e discussione, nonché fonte di ispirazione per tutti quegli artisti che guardano oltre la luce del crepuscolo per celebrare, attraverso le proprie opere, il fascino misterioso dei figli della notte.
Anno 2009 - € 18,00

Nadav Crivelli
La Via Regale. Viaggio attraverso le Sefirot dell'Albero della Vita.
Questo volume della collana delle opere di Cabalà del prof. Nadav Crivelli, porterà il lettore a compiere un viaggio veramente affascinante. Il tragitto si svolge attraverso le Luci e i Sentieri dell'Albero della Vita, quel meraviglioso insieme di insegnamenti che la Cabalà offre sul come connetterci con le nostre più vere radici.
Anno 2009 - € 21,00

Rubellus Petrinus
La Grande Opera Alchemica di Ireneo Filatete, Nicolas Flamel e Basilio Valentino.
La Grande Opera Alchemica è un libro Europeo d'Alchimia, il più "caritatevole" — cioè trasparente — fra quelli che studiano l'applicazione della Filosofia Ermetica alla Grande Opera Fisica.
Anno 2009 - € 18,00

Collana "Theosophica". Volume 2
Miti, Simboli e Misteri. Una via di conoscenza del Sé Reale.
A cura di Leonardo Sola
...È perciò impossibile rappresentare la realtà del SÉ in concetti e parole: solo il simbolo e il mito che fa largo uso del linguaggio simbolico, possono tentare di rivelarne la natura reale.
Anno 2009 - € 8,50

Claudio Marucchi
Il Tantra dello Śrī Yantra. Il corpo umano reso divino.
Nelle pagine di questo libro si dipana la mappa dell'intricato Śrī Yantra, che costituisce il momento centrale del culto della Grande Dea designata con gli epiteti di Tripurā o Tripurasundarī. I presupposti teoretici della costruzione e dell'impiego dello yantra e la peculiare visione tantrica ad essi sottesa sono esposti con concisione e chiarezza.
Anno 2009 - € 20,00

Rodolfo Alessandro Neri
Anime nella pietra
Presenti in tutti i materiali naturali, in prevalenza fra le venature del marmo e nascoste, ma non troppo, alcune figure, molto simili a veri e propri disegni realizzati con modalità degne di un'opera d'arte, attirano la nostra attenzione.
Anno 2009 - € 18,00

Milena Rao
Le Creature del Popolo Fatato. Storie ed archetipi dalle tradizioni dei popoli della Dea.
In un mondo dove non c'è più tempo per fermarsi ad ascoltare, a contemplare la bellezza della Madre Terra e comunicare con le tutte le creature, sembra difficile credere nell'esistenza di spiriti immanenti alla natura, che regolano il ciclo della vita e determinano l'equilibrio nell'universo, messo continuamente a repentaglio dall'operato dell'uomo.
Anno 2009 - € 18,00

Sarah Perini
Simboli e riti delle donne celtiche.
Regine e dee al tempo di Artù. Sacerdotesse, potenti principesse e regine, fate e streghe, immagini tipicamente europee, in bilico tra razionalità e religione, cultura dotta e cultura popolare, tracce di un antico sedimentarsi di realtà di cui si è persa la memoria.
Anno 2009 - € 20,00

Federica Carmana
Magici incensi.
L'uomo utilizza l'incenso da tempo immemorabile. Anticamente, si gettavano sul fuoco, o sulle braci, erbe mescolate con legno poco combustibile per liberare i componenti aromatici delle piante.
Anno 2009 - € 18,00

Riccardo Bruni – Sergio Sapetti
Leggere l'anima, Sistema di Grafologia Moderna.
Leggere l'anima è la chiave che ti apre le porte della Grafologia! È la persona giusta per me? Mi devo fidare? Che cosa devo fare?
Questo libro rivela, in modo chiaro e completo, questo potente metodo interpretativo ed è lo strumento indispensabile per chi voglia scoprire i segreti della grafia
Anno 2009 - € 20,00

Collana "Theosophica". Volume 2
TEOSOFIA, l'essenza della Religione, Filosofia e Scienza ovvero la Dottrina Segreta universale. A cura di Leonardo Sola
Tutti i grandi Fondatori delle Religioni, i Saggi, i grandi Filosofi, in Oriente come in Occidente, hanno dato il proprio insegnamento diretto solo oralmente e a pochi discepoli intimi. Tempo dopo è stato messo per iscritto e poi tramandato nel corso dei secoli e dei millenni, interpretandolo in vari modi, sovente contradditori e perfino volutamente adulterandolo. È possibile oggi ricostruire il loro messaggio originale, la loro dottrina segreta e risalire all'unica fonte spirituale che l'ha generato?
Anno 2009 - € 8,50

H.W.L. Poonja
Il Vuoto che Danza
Un'esposizione in forma poetica della filosofia dell'Advaita Vedanta, che racchiude in una formulazione unitaria il messaggio dei testi più antichi della saggezza indiana, i Veda. Questo profondo messaggio ci stimola a trovare la nostra vera natura al di là del corpo, delle emozioni e dei pensieri, e di tutto l'organismo psico-fisico con cui erroneamente ci identifichiamo. A trovare l'Immutabile oltre il mutevole, l'Eterno oltre il mortale, la Felicità al di là del dolore. Perché questa è la nostra vera natura.
Anno 2006 - € 12,00

Costanza Arduino
Abbracci celesti, Angeli compagni di viaggio.
22 carte che rappresentano alcune delle nostre guide celesti. Gli Angeli dei 7 chakra, gli Angeli dei 4 elementi, gli Angeli dei pianeti. Ogni Angelo, attraverso ciascuna carta, ci accompagna in un piccolo viaggio all'interno di noi stessi, una meditazione per andare a toccare delle corde che non conosciamo o abbiamo dimenticato e per farle risuonare in armonia. Lo scopo di queste meditazioni è lavorare su ognuno di questi aspetti per raggiungere il nostro equilibrio
Anno 2007 - € 25,50

Mauro Luisetti, Carla Samarani
Adesso tocca a te, storia di una guarigione.
Un mondo che ci obbliga a correre non lasciandoci il tempo di capire quello che vogliamo realmente essere e che, richiedendo efficienza a tutti i costi, ci lascia una sola possibilità per fermarci: la malattia. Quando questa sopraggiunge ci allontaniamo dai valori standard della nostra società e per questo ci sentiamo esclusi, diversi, ma, soprattutto, sbagliati. Attraverso l'esperienza di vita del protagonista, la possibilità di vivere diversamente la malattia, per rinascere ad una vita completamente nostra.
Anno 2006 - € 20,00